Erzähl es deinen Kindern
Die Torah in fünf Bänden

Band 2
Schemot – Namen

Erzähl es deinen Kindern
Die Torah in fünf Bänden

Übertragen von Hanna Liss und Bruno Landthaler
Mit Illustrationen von Darius Gilmont

Band 2
Schemot – Namen

Ariella Verlag

Für Lili und Ariel. DG

Für die finanzielle Unterstützung, die diesen Band der »Torah für Kinder« ermöglichte, bedanken wir uns bei:

Zentralrat der Juden in Deutschland, KdöR
Stiftung Irene Bollag-Herzheimer, Basel
Ignaz Blodinger Gesellschaft für Wohltätigkeit,
Kultur und Religion e. V.

INHALT

WESCHINANTAM LEWANECHA –
»Lehre sie deinen Kindern«

Zum Geleit

Judentum ist Tradition, das heißt, es lebt davon, dass es von Generation zu Generation weitergegeben wird. Ein wesentliches Instrument hierfür ist das Erzählen. Nicht umsonst beginnt das wichtigste Gebet im Judentum mit *»Schma Jisrael«* – »Höre Israel«. »Die Torah ist eher wie Radio, nicht wie Fernsehen«, hat der ehemalige Oberrabbiner von England, Jonathan Sacks, einmal gesagt. Wir wissen eigentlich nicht, wie die Menschen oder die Landschaften ausgesehen haben, auf Äußerlichkeiten legt die Torah selten Wert, und wenn doch, ist es umso bedeutsamer. Stattdessen sollen wir hören, verstehen, uns mit dem Text auseinandersetzen. Denn die Torah ist Wahrheit in Geschichten.

Doch alle Eltern, die je versucht haben, ihren Kindern die Geschichten direkt aus der Torah vorzulesen, haben dieses Unterfangen schnell wieder aufgeben müssen: Die schwierige Sprache, die Verkürzungen an den einen Stellen und die Detailtreue an anderen machen es unmöglich, kleinen Zuhörern die Torah als schlüssiges und flüssiges Geschichtenbuch vorzutragen. Wie oft hat man sich da gewünscht, es möge eine kindertaugliche Version geben, am besten mit Erklärungen, die das für die Kleinen Weggelassene dennoch berücksichtigt, damit die Erwachsenen es nachliefern und auf die zu erwartenden Nachfragen antworten können.

Ein solches Wunderwerk gibt es nun endlich in deutscher Sprache. Der erste Band *Bereschit* ist nicht nur herausgekommen, sondern wurde zu Recht bereits prämiert.

Der zweite Band nun ist besonders bedeutsam. Nicht zuletzt, weil er erfreulicherweise die hochgesteckten Erwartungen mehr als erfüllt.

Die Bezeichnungen der fünf Bücher (und ebenso der Wochenabschnitte) ergeben sich aus dem ersten relevanten Wort im jeweils ersten Satz des Werkes. Aber diese vermeintliche Zufälligkeit hat Bedeutung: Das zweite Buch Mosche heißt auf Hebräisch *Schemot*, »Namen«. Namen sind Ausdruck unserer Identität, daher sind die Themen in diesem Buch auch für das Judentum identitätsstiftend: Die Sklaverei in Ägypten und der daraus erwachsene Drang zur Freiheit, die Offenbarung am Berg Sinai, also das direkte In-Kontakt-Treten mit dem Einen, die Ge- und Verbote und schließlich der Bau des Heiligtums, also die Präsenz G'ttes in dieser Welt. Und genau, wie das gesamte Volk als Makrokosmos diesen Weg beschreitet, erleben wir an Mosche in einer Art Mikrokosmos die gleiche, aber am einzelnen Menschen nachvollziehbare Entwicklung. Schon seine Namensgebung entsteht aus der Auflehnung der Tochter des Pharao gegen Ungerechtigkeit, obwohl der Befehl, alle jüdischen Jungen zu töten, von ihrem eigenen Vater gegeben wurde. Dieser Drang nach Gerechtigkeit, nach Einmischung, all dies ist in dem Namen Mosche verankert (vgl. S. 22). So begegnet auch dieser Mosche G'tt zunächst im Dornbusch, und seine Aufgabe wird es sein, diesem Unfassbaren und Unsichtbaren in seinem Volk eine Stimme zu geben, *Ihn* präsent werden zu lassen in dieser Welt. Das zweite Buch der Torah bringt uns durch Geschichten die Grundelemente der jüdischen (moralisch-menschlichen) Identität nahe.

Hanna Liss und Bruno Landthaler geben unzähligen Eltern und Erziehern ein Mittel an die Hand, mit der Weitergabe dieser Identität auf eine kluge und wunderbare Weise zu beginnen.

Rabbiner Julian-Chaim Soussan
Gemeinderabbiner Frankfurt am Main
Vorstandsbeirat der Orthodoxen Rabbinerkonferenz Deutschland

Einführung

Das zweite Buch der Torah, das Buch *Schemot – Namen*, ist in seinem Charakter dem ersten Buch denkbar unähnlich. Schon allein deshalb, weil es eine deutliche Zäsur im Geschehensablauf gibt: Wir befinden uns zwar zu Beginn dieses Buches dort, wo der erste Band geendet hat, in Ägypten (*Mizrajim*), aber es sind etliche Jahre vergangen; die Situation hat sich gänzlich geändert. Nun ist nicht mehr von einzelnen »Vätern und Müttern« die Rede, sondern hier wird die Situation eines »Volkes« geschildert.

Aber nicht nur darin unterscheiden sich die beiden Bände: Zwar wird im Buch *Schemot* zu Beginn eine Geschichte erzählt, nämlich die von der Unterdrückung und Befreiung des Volkes Jisrael, doch dann zielt diese Erzählung auf das Wesentliche der Torah: auf die Gesetzgebung am Berg Sinai. Deshalb nehmen die Gebote und Vorschriften in diesem Band einen großen Raum ein. Sie werden uns zum Teil vertraut sein, zum Teil aber eher befremdlich wirken. Ebenso zentral ist die Beschreibung des Wüstenheiligtums – für die Torah das bedeutsame Thema schlechthin. Denn es ist dieses Heiligtum, auf das sich das Volk Jisrael ausrichten soll, wenn es als das Volk G'ttes in das den Vätern schon versprochene Land Knaan einwandern will.

Es ist nicht ganz leicht, diese Themen so wiederzugeben, dass Kinder sie verständlich und spannend finden. Denn das, was Kinder lieben, nämlich Geschichten, tritt hier zugunsten von ausführlich formulierten Geboten und Beschreibungen des Heiligtums immer mehr in den Hintergrund. Wir haben uns deshalb bei der Wiedergabe der Gebote auf die wesentlichen Aussagen konzentriert und auf Erläuterungen von Einzelheiten weitgehend verzichtet. Nicht anders sind wir bei der

Beschreibung des Heiligtums verfahren, wo wir die Details des hebräischen Originals an manchen Stellen reduziert haben.

Gleichwohl verlangt dieses Buch von den Kindern ein höheres Maß an Konzentration und von den Vorlesenden die Bereitschaft, sich mit vielleicht ungewohnten Inhalten auseinanderzusetzen – weshalb auch die Kommentare in diesem Buch größeres Gewicht erhalten. Aber bedenkt man, dass die Torah jedes Jahr aufs Neue gelesen wird (und damit hoffentlich auch diese Torah für Kinder!), so steht zu erwarten, dass manches, was im einen Jahr noch auf kindliches Unverständnis stieß, im nächsten bereits mit einem verstehenden Nicken kommentiert wird.

Jüdisches Lernen basierte schon immer auf dem Grundprinzip der Wiederholung. Deshalb ist durchaus zu hoffen, dass Kinder mit dem wiederholenden Lesen der Torah sich auch erweiterte Kenntnisse und ein tieferes Verständnis derselben erarbeiten. Denn eines sollte allen, die mit der Erziehung jüdischer Kinder vertraut sind, bewusst sein: Mit dem zweiten Buch der Torah stoßen wir bis zum Kern des Judentums vor. Denn es ist zum einen die Grunderfahrung von Pessach, also die Befreiung aus der Knechtschaft und die Selbstwerdung als Volk, und zum anderen die Heiligung eines Raumes (Heiligtum), die überhaupt erst das Heilige oder das G'ttliche als eine Realität dieser Welt denken lässt. Das Judentum hat durch seine gesamte Geschichte hindurch genau diese beiden Aspekte stets vor sich hergetragen, obwohl die Freiheit des Volkes oder ein heiliger Raum nur noch messianisch verstanden werden konnte. Genau von dieser jüdischen Grunderfahrung sollten Kinder erzählt bekommen, auch wenn der Text manchmal eher ein Aufzählen von Geboten oder ein Zählen von Materialien ist.

Hinweise zur Benutzung

Diese Torah für Kinder ist in erster Linie zum Vorlesen gedacht. Da sie aber Kinder unterschiedlichen Alters im Blick hat, haben wir bei verschiedenen Paraschijot (Leseabschnitten) einzelne Textpassagen *kursiv* gekennzeichnet, die man für die kleinsten Zuhörer überspringen kann. Dabei haben wir darauf geachtet, dass die Anschlüsse passend sind, sodass der Lesefluss nicht beeinträchtigt wird.

Die Informationen zu Beginn jeder Parascha verweisen auf den liturgischen Gebrauch im G'ttesdienst und auf die Haftara, die Prophetenlesung. Dies soll den Kindern bewusst machen, dass die Torah ihren festen Platz in der Synagoge hat. Damit ist es auch möglich, die einzelnen Bände von »Erzähl es deinen Kindern« während der Torah-Lesung in der Synagoge für Kinder zu verwenden.

Die Einleitungen und kommentierenden Texte in den Marginalspalten richten sich an die Erwachsenen. Sie sind auf einer Reflexionsstufe gehalten, die für Kinder in der Regel wenig geeignet ist. Vielmehr sollen sie die Erwachsenen dabei unterstützen, den Text selbst zu reflektieren und verstehen zu lernen. Denn wer (seinen) Kindern vorliest, sollte selbst wissen, was er liest.

Unterstützend dazu können Sie auch auf unserer Internetseite www.parascha.de Erläuterungen und Informationen finden. Dieses geht über allgemeine Einleitungen hinaus und enthält auch Kommentare von Raschi, dem wichtigsten mittelalterlichen Bibelkommentator.

Den Beginn einer jeden Parascha haben wir ebenso wie einzelne Textstellen, die für die jüdische Tradition und den G'ttesdienst eine herausragende Rolle spielen, im hebräischen Original wiedergegeben. Das soll nicht nur ein dringlicher

Hinweis darauf sein, dass die Torah idealerweise auf Hebräisch zu lesen und diese Übertragung nur ein Hilfsmittel ist, sondern auch einen ersten Einstieg dafür bilden, wichtige Textstellen auf Hebräisch zu lesen bzw. vorzulesen.

Die Zahlenangaben zu Beginn eines Abschnitts oder eines hebräischen Zitats verweisen auf die Kapitel und Verse im jeweiligen Buch. Da sie in allen Bibeln (jüdischen, katholischen, protestantischen) weitgehend gleich sind, kann man den Text mithilfe dieser Angaben auch in anderen Bibelausgaben leicht auffinden. Weiterhin werden in kleiner Schrift auch Hinweise eingebracht, die auf eine liturgische Verwendung des so gekennzeichneten Textabschnittes verweisen.

Noch ein Wort zur Schreibweise »G'tt«: In traditionellen jüdischen Kreisen ist es üblich geworden, auch die Gattungsbezeichnung »G-o-t-t« in anderen Sprachen als dem Hebräischen nicht ganz auszuschreiben, sondern sie mit »G'tt« abzukürzen. Um »Erzähl es deinen Kindern« für alle offenzuhalten und keinen Anstoß zu erregen, haben wir uns dafür entschieden, auf diese traditionelle Besonderheit Rücksicht zu nehmen. Wir haben grundsätzlich darauf geachtet, das hebräische *Elohim* mit »G'tt« wiederzugeben; das Tetragramm, den Namen G'ttes, übersetzen wir in Aufnahme von Moses Mendelssohns *Bi'ur* mit »der Ewige«, eine G'ttesbezeichnung, die in die meisten jüdischen Bibelübersetzungen Eingang gefunden hat.

Auch bei der Schreibung der hebräischen Namen haben wir uns eine Abweichung erlaubt. Grundsätzlich haben wir alle Namen in der hebräischen Lautung wiedergegeben und nicht in den im deutschsprachigen Raum üblichen Formen, also Mosche, nicht Moses, Aharon und nicht Aaron, Mirjam und nicht Miriam. Wir wollten damit dem Hebräischen – neben einzelnen Textpassagen – ein weiteres Gewicht verleihen, zumal in jüdischen Kindergärten und Schulen meist die hebräischen Formen der biblischen Namen Verwendung finden. Grundsätzlich sei hier angemerkt, dass zwei aufeinandertreffende Vokale im Hebräischen nicht wie im Deutschen zusammengezogen, sondern getrennt gesprochen werden, also genau wie das a und e in Jisrael. Auf eine Verdeutlichung durch Apostroph (zum Beispiel bei Wa'era) haben wir zugunsten der Lesefreundlichkeit verzichtet. Eine detaillierte Übersicht zu den hebräischen Begriffen und Schreibweisen finden Sie im Glossar.

MITTELMEER
JERUSALEM
TOTES MEER
KNAAN
RAMSES
GOSCHEN
PITOM
SUKKOT
KADESH-BARNEA
»SCHILFMEER«
MIZRAJIM
ELIM
REFIDIM
SINAI
AMALEK
MIDJAN
ROTES MEER

PARASCHAT SCHEMOT – Namen

Ex 1,1–6,1

Diese Parascha wird im regulären Zyklus in der Synagoge gelesen; sie wird inhaltlich – genau wie die nachfolgenden Paraschijot – aber auch in die *Pessach-Haggada* aufgenommen.

Als Haftara wird die Textpassage Jes 27,6–28,13 und 29,22–23 gelesen, weil auch in diesem Text vom Auszug aus Mizrajim die Rede ist.

Einleitung

Mit dem Buch *Schemot* beginnt in mehrfacher Hinsicht eine neue Geschichte. Es ist viel Zeit ins Land gegangen, Josef und seine Brüder sind gestorben, niemand erinnert sich mehr an die Taten Josefs. Einschneidender kann ein Neubeginn kaum sein. Die Torah macht dies auch in den Bezeichnungen der Akteure deutlich: Von nun an ist von den »Jisraeliten« oder den »Kindern Jisraels« die Rede und nicht mehr von einzelnen Stammvätern oder -müttern. Das Augenmerk ist auf das ganze Volk und seine Geschicke gerichtet. Darin liegt auch die Bedeutung der Feststellung, dass die Jisraeliten »viele« geworden sind. Aber diese »Vielen«, die nun zu einem Volk werden sollen, stehen nicht allein da, sondern müssen sich mit ihrer Umwelt auseinandersetzen. Deshalb wird gleich zu Beginn von der Unterdrückung der Jisraeliten durch die Ägypter erzählt.

Die Erzählung von Mosches Geburt und seinem Auftrag ist in diese größere Geschichte eingebunden und auf sie hin ausgerichtet. Mosche wird erwählt, um das Volk aus der Knechtschaft zu führen. Ging es im ersten Buch der Torah, *Bereschit*, noch um die Geschichten der einzelnen Stammeltern, um ihre persönliche Erwählung und Verheißung von Land und Nachkommenschaft, so dienen einzelne biografische Episoden nun dazu, die Erzählung vom Volk Jisrael voranzutreiben. Das ist die Grundlage für das zweite und alle weiteren Bücher der Torah und zugleich für die Geschichte des Volkes Jisrael. Insofern ist die Figur des Mosche eine völlig andere als die der Stammväter: Mosche hat einen klar umrissenen Auftrag auszuführen. Ihm selbst wird zunächst nichts zugesprochen oder versprochen. Ein weiterer Unterschied besteht darin, dass sich Mosche gegen diesen Auftrag wehrt und eine Reihe Ausreden dagegen aufbietet. Jetzt, da es darum geht, dass ein ganzes Volk G'tt gegenüberstehen soll, wird das Verhältnis sehr viel schwieriger, manchmal sogar aufbegehrend. Und das beginnt schon bei Mosche.

Die Jisraeliten in Mizrajim

1,1

וְאֵלֶּה שְׁמוֹת בְּנֵי יִשְׂרָאֵל הַבָּאִים מִצְרָיְמָה
אֵת יַעֲקֹב אִישׁ וּבֵיתוֹ בָּאוּ׃
רְאוּבֵן שִׁמְעוֹן לֵוִי וִיהוּדָה׃
יִשָּׂשכָר זְבוּלֻן וּבִנְיָמִן׃
דָּן וְנַפְתָּלִי גָּד וְאָשֵׁר׃
וַיְהִי כָּל נֶפֶשׁ יֹצְאֵי יֶרֶךְ יַעֲקֹב שִׁבְעִים נָפֶשׁ
וְיוֹסֵף הָיָה בְמִצְרָיִם׃

Und das sind die Namen der Kinder Jaakovs, die nun in Mizrajim lebten: Reuven, Schimon, Lewi und Jehuda, Jissachar, Svulun und Benjamin, Dan, Naftali, Gad und Ascher. Und auch ihre Frauen und Kinder lebten bei ihnen. Insgesamt waren es siebzig Nachkommen Jaakovs, die nach Mizrajim gekommen waren. Und Josef war ja schon dort.

Und irgendwann starben Josef und seine Brüder und alle Menschen dieser Generation. Aber die Jisraeliten hatten stets viele Kinder und wurden so immer zahlreicher und auch sehr mächtig.

Eines Tages kam ein König in Mizrajim an die Macht, ein Pharao, der von Josef und seinen Taten nichts wissen wollte. Und als er sah, dass es so viele Jisraeliten in seinem Land gab, wurde ihm ganz bange. Denn er bekam Angst, dass die Jisraeliten noch zahlreicher würden als die eigene Bevölkerung. Und was wäre dann, wenn einmal ein Krieg ausbrechen würde? Dann hätte Mizrajim den Feind schon mitten unter sich!

Deshalb befahl der Pharao, dass die Jisraeliten für ihn arbeiten sollten, und zwar hart. Ziegel mussten sie machen. Denn wer schwer arbeitet, so dachte er sich, denkt weniger ans Kinderkriegen. Aber es kam nicht so. Die Jisraeliten bauten für ihn die Vorratsstädte Pitom und Ramses und wurden trotzdem immer zahlreicher, da mochten die Aufseher die Arbeit noch so hart werden lassen.

Deshalb befahl der Pharao den **hebräischen** Hebammen Schifra und Pua, dass sie bei den Geburten in den Familien der Hebräer alle neugeborenen Jungen töten sollten. Die neugeborenen Mädchen mochten am Leben bleiben. Aber die Hebammen waren sehr g'ttesfürchtig und ließen alle Kinder am Leben, ob es nun Mädchen oder Jungen waren.

Als der Pharao die Hebammen deshalb zur Rede stellte, antworteten sie, dass sie nichts tun könnten, da die hebräischen Frauen starke Frauen seien, die ihre Kinder ohne die Hilfe einer Hebamme gebären würden. Da ließ der Pharao kurzerhand den Befehl ausgeben, dass alle neugeborenen Jungen im Nil ertränkt werden sollten.

* **Hebräisch:** Immer wieder wird in der Torah das Adjektiv »hebräisch« verwendet und nicht das Adjektiv »jisraelitisch«, obwohl derselbe Text von Jisrael schreiben kann. Schon der mittelalterliche Bibelausleger Avraham Ibn Esra hat bemerkt, dass in der Torah dann von »hebräischen« Menschen geschrieben wird, wenn betont werden soll, dass es sich um Nachkommen der Stammväter Avraham, Jizchak und Jaakov handelt. »Jisraelitisch« wird in aller Regel überhaupt nicht verwendet. Lediglich im Zusammenhang mit dem gesamten Volk wird von Jisrael gesprochen.

Wie Mosche gerettet wird

2,1

Eines Tages bekamen ein Mann, der Amram hieß und zum Stamm Lewis gehörte, und seine Frau Jocheved einen Sohn. Die Mutter war sehr traurig, denn sie wusste natürlich, was mit ihm zu geschehen hatte. Aber der Junge war ein besonderes und schönes Kind, und so entschloss sie sich, ihn heimlich bei sich zu behalten.

Aber als das Kind drei Monate alt war, konnte sie es nicht länger verbergen. Also nahm sie ein **Kästchen**, dichtete es mit Teer ab und schlug es mit Stoffen aus. Dann legte sie ihren

* **Mosche:** Die Erzählung von Mosches Geburt und Kindheit wird mit der Erzählung von der Unterdrückung des Volkes verwoben. Denn diese Unterdrückung ist später der Grund für die Befreiung der Jisraeliten aus Mizrajim, aber auch für Mosches einzigartige Rolle in der gesamten Torah. Weder Aharon, obwohl er später der gesalbte Priester werden soll, noch Jehoschua, der immerhin das Volk in das Land bringen wird, erlangen je diese Bedeutung. Mosche ist hingegen auch deshalb so bedeutsam, weil er mehrere Ämter in einer Person vereint: Gesetzgeber, Prophet und politische Führung. Das Besondere bleibt damit auch das Einzigartige. Diese herausragende Stellung Mosches haben auch die Rabbinen immer wieder betont.

* **Der kleine Kasten**, in den Mosche gelegt wird, ist im Hebräischen auch eine »Arche«.

Sohn hinein und ging mit ihm zum Nilufer, um ihn dort mit seinem Kästchen ins Schilf zu setzen. Die Schwester des Kindes blieb in der Nähe und beobachtete, was geschehen würde.

Da kam die Tochter des Pharao mit ihren Dienerinnen an den Nil, um zu baden. Als sie ins Wasser stieg, entdeckte sie das Kästchen im Schilf und ließ es durch ihre Dienerin holen. Sie öffnete es und ahnte sofort, dass sie ein hebräisches Kind vor sich hatte. Und wie sie den Jungen so weinen sah, hatte sie Mitleid mit ihm.

Da kam die Schwester des Kindes wie zufällig vorbei und fragte, ob die Pharaonentochter vielleicht eine hebräische Amme für das Kind brauchen könnte. Und schnell holte sie dazu ihre eigene Mutter herbei.

Und so kam es, dass die Mutter ihr eigenes Kind wieder in den Armen halten konnte, um es anstelle der Pharaonentochter zu stillen. Als das Kind groß genug war, kam es zur Tochter des Pharao und lebte am dortigen Hof wie ihr eigenes Kind. Und die Tochter des Pharao nannte das Kind **Mosche**, weil sie ihn aus dem Wasser gezogen hatte.

* **Der Name Mosche:** Hinter der Begründung der Pharaonentochter, sie nenne ihn Mosche, weil sie ihn aus dem Wasser gezogen habe, steht ein hebräisches Wortspiel, denn »ich habe ihn herausgezogen« heißt Hebräisch: *meschitihu,* was Mosche lautlich sehr nahekommt.

Mosche muss fliehen

2,11

Als Mosche größer war und einmal in seinem Land spazieren ging, sah er, wie die Hebräer, seine Brüder, wie Sklaven gehalten wurden und schwerste Arbeiten verrichten mussten. Einer der Aufseher schlug plötzlich so heftig auf einen hebräischen Sklaven ein, dass dieser starb. Da packte Mosche die Wut. Er ging hinter dem Aufseher her, und nachdem er sich umgesehen und vergewissert hatte, dass niemand in der Nähe war, erschlug er ihn. Dann verscharrte er den Mann hastig im Sand.

Am nächsten Tag ging er wieder hinaus und sah, wie zwei Hebräer ganz fürchterlich miteinander stritten und sich schlugen. Da ging Mosche dazwischen, um ihren Streit zu beenden. Aber als Mosche die beiden auseinanderzerrte, sagte einer der beiden zu ihm: »Willst du mich etwa auch erschlagen, wie du neulich den Aufseher erschlagen hast?«

Da erschrak Mosche sehr, denn er sah, dass seine Tat nicht verborgen geblieben war. Selbst der Pharao hatte davon erfahren und wollte Mosche töten lassen. Also flüchtete Mosche und ließ sich im Land Midjan nieder.

Mosche lebt in Midjan

2,16

Nun lebte Mosche also im Land Midjan. Eines Tages beobachtete er, wie die Töchter des hiesigen Priesters Schafe an einem Brunnen tränken wollten, aber immer wieder von anderen Hirten abgedrängt wurden. Da ging Mosche hin und half ihnen.

Die Mädchen erzählten zu Hause, was geschehen war. Und schnell lud der Priester von Midjan, der **Jitro** hieß, Mosche in sein Haus ein, um sich bei ihm zu bedanken.

So kam Mosche in das Haus des Jitro. Und mit der Zeit freundeten sie sich an, bis Jitro dem Mosche seine Tochter Zippora zur Frau gab. Es dauerte nicht lange, da wurde Zippora schwanger und brachte einen Jungen zur Welt. Und da Mosche ein Fremder in einem fremden Land war, nannte er seinen Sohn **Gerschom**.

Aber die Jisraeliten in Mizrajim klagten darüber, dass sie als Sklaven so harte Arbeit verrichten mussten. Sie klagten und seufzten, bis es sogar G'tt hören konnte. Und da dachte G'tt an seinen Bund mit Avraham, mit Jizchak und mit Jaakov, und er wusste, dass er ihnen helfen würde.

* **Die Namen Jitros:** Der Schwiegervater des Mosche wird in der Torah unter verschiedenen Namen vorgestellt, als Jitro oder Jeter, aber auch als Reuel oder Chovav. Im Buch *Schemot* lernen wir ihn als midjanitischen Priester kennen. Die jüdische Tradition hat in Jitro den ersten Konvertiten zum Judentum gesehen, der den Glauben an G'tt unter den Midjanitern bekannt gemacht hat. Von Chovav, dem Schwiegervater Mosches, wird später im vierten Buch Num 10,29 ff., *Bamidbar,* S. 47 berichtet, wie er die Jisraeliten wieder verlassen möchte.

* **Der Name Gerschom:** Damit wird auf das hebräische *ger* angespielt, das »Fremder« heißt.

Mosche am Dornbusch

3,1

Nun also lebte Mosche bei seinem Schwiegervater Jitro und hütete für ihn die Schafe. Einmal trieb er die Schafe immer weiter fort, bis er in die Wüste zum Berg G'ttes kam.

3,2–4

וַיֵּרָא מַלְאַךְ ה' אֵלָיו בְּלַבַּת אֵשׁ מִתּוֹךְ הַסְּנֶה
וַיַּרְא וְהִנֵּה הַסְּנֶה בֹּעֵר בָּאֵשׁ וְהַסְּנֶה אֵינֶנּוּ אֻכָּל׃
וַיֹּאמֶר מֹשֶׁה אָסֻרָה נָּא וְאֶרְאֶה אֶת הַמַּרְאֶה הַגָּדֹל הַזֶּה
מַדּוּעַ לֹא יִבְעַר הַסְּנֶה׃
וַיַּרְא ה' כִּי סָר לִרְאוֹת וַיִּקְרָא אֵלָיו אֱלֹהִים מִתּוֹךְ הַסְּנֶה
וַיֹּאמֶר מֹשֶׁה מֹשֶׁה וַיֹּאמֶר הִנֵּנִי׃

Dort sah er einen Dornbusch vor sich. Und der Dornbusch brannte, und er sah darin eine **Engelsgestalt**, die mitten in den Flammen stand. Und das Feuer schlug hoch, aber der Dornbusch verbrannte nicht. Als Mosche sich näherte, um das Feuer genauer zu betrachten, da rief G'tt plötzlich aus dem Dornbusch heraus zu Mosche, und Mosche antwortete: »Hier bin ich!«

* **Engelsgestalt:** Bereits das Buch *Bereschit* erzählt immer wieder davon, dass G'tt »erscheint« oder Boten sendet. Dies geschieht niemals zufällig, sondern hat ganz entscheidenden Einfluss auf die Geschichten, die dadurch zielgerichtet verlaufen und einen tieferen Sinn erhalten. Die Erscheinungen im ersten Buch der Torah sind deshalb mit dem Versprechen von einem großen Volk und von Land verbunden. Alles Tun der Akteure zielt darauf ab, diese Versprechen einzulösen, die Versprechen G'ttes sind. Im Unterschied dazu erhält Mosche in der Erscheinung am Dornbusch erstmalig kein Versprechen, sondern einen Auftrag. Er soll das Volk aus Mizrajim hinausführen. Damit ist Mosche derjenige, der das Versprechen G'ttes, das den Stammeltern gegeben wurde, auszuführen hat. Denn die Herausführung aus Mizrajim ist gleichzeitig der erste Schritt für den Landerwerb.

Da sagte der Ewige zu Mosche: »Komm nicht näher. Dieser Ort ist ein ganz besonderer Ort, er ist heilig. Zieh deshalb deine Schuhe aus.«

3,6

וַיֹּאמֶר אָנֹכִי אֱלֹהֵי אָבִיךָ אֱלֹהֵי אַבְרָהָם אֱלֹהֵי יִצְחָק וֵאלֹהֵי יַעֲקֹב
וַיַּסְתֵּר מֹשֶׁה פָּנָיו כִּי יָרֵא מֵהַבִּיט אֶל הָאֱלֹהִים׃

Und weiter sagte er: »Ich bin der G'tt deiner Väter Avraham, Jizchak und Jaakov.« Da bedeckte Mosche schnell sein Gesicht, denn er traute sich nicht, G'tt anzuschauen. Und der Ewige sagte zu ihm: »Ich sehe, wie mein Volk in Mizrajim leidet, und höre seine Klagen. Deshalb will ich das Volk aus der Gewalt Mizrajims erretten und in ein Land hinaufbringen, in dem Milch und Honig fließen. Und du sollst mir dabei helfen. Du sollst zum Pharao gehen und mein Volk, die Jisraeliten, hinausführen.«

Da erschrak Mosche. Denn wie sollte er den Jisraeliten klarmachen, dass G'tt sie nun mit seiner Hilfe befreien wollte? Er konnte doch nicht einfach hingehen und sagen: »G'tt schickt mich!« Also fragte Mosche G'tt, was er denn antworten solle, wenn er gefragt werde, wie G'tt denn heiße.

3,14–15

וַיֹּאמֶר אֱלֹהִים אֶל מֹשֶׁה אֶהְיֶה אֲשֶׁר אֶהְיֶה
וַיֹּאמֶר כֹּה תֹאמַר לִבְנֵי יִשְׂרָאֵל אֶהְיֶה שְׁלָחַנִי אֲלֵיכֶם:
וַיֹּאמֶר עוֹד אֱלֹהִים אֶל מֹשֶׁה כֹּה תֹאמַר אֶל בְּנֵי יִשְׂרָאֵל
ה' אֱלֹהֵי אֲבֹתֵיכֶם אֱלֹהֵי אַבְרָהָם אֱלֹהֵי יִצְחָק וֵאלֹהֵי יַעֲקֹב
שְׁלָחַנִי אֲלֵיכֶם זֶה שְּׁמִי לְעֹלָם וְזֶה זִכְרִי לְדֹר דֹּר:

Da sagte G'tt zu Mosche: »Sage ihnen: Ich bin der, der immer für euch da ist. Sag ihnen, dass der, der immer für euch da ist, dich zu ihnen geschickt hat.« Und dann fügte G'tt hinzu: »Sag ihnen, dass **der Ewige**, der G'tt Avrahams, Jizchaks und Jaakovs, dich zu ihnen geschickt hat. Das ist mein Name, und der soll für immer so heißen.

Geh nun also hin, versammle die Ältesten des Volkes um dich herum und sage ihnen: ›Ich habe den Ewigen, den G'tt eurer Väter, gesehen. Und er hat mir gesagt, dass er die schreckliche Lage seines Volkes erkannt hat und dass er euch aus dem Elend Mizrajims hinausführen und euch in das Land Knaan bringen will.‹

Hab keine Angst, sie werden auf dich hören und dir folgen, sobald du all dies gesagt hast. Danach geh aber mit den Ältesten Jisraels zum Pharao und sag ihm: ›Der Ewige, der G'tt der Hebräer, hat sich seinem Volk gezeigt. Deshalb lass uns drei Tage aus Mizrajim hinausreisen in die Wüste, damit wir ihm Geschenke bringen können.‹ Aber der Pharao wird euch nicht ziehen lassen. Erst wenn ich meine Hand gegen Mizrajim ausstrecken und meine Wundertaten an Mizrajim vollbringen werde, werdet ihr ziehen können. Und ich werde den Leuten von Mizrajim den Kopf so verdrehen, dass ihr zum Auszug auch noch silberne und goldene Geräte und Kleidungsstücke mitbekommt.«

Aber Mosche war noch immer beunruhigt, ob das die Jisraeliten überzeugen würde. Da sagte der Ewige: »Also gut, ich

* **Ewiger:** Den vierbuchstabigen G'ttesnamen kürzen wir im Hebräischen mit einem He ab.

* **Der Ewige:** Obwohl der vierbuchstabige Name G'ttes schon im ersten Buch der Torah verwendet wurde (wir haben ihn stets mit »Ewiger« übersetzt), wird er doch erst jetzt, an dieser Stelle der Erscheinung, genauer beschrieben. Die Torah erklärt den G'ttesnamen an dieser Stelle mit: Ich bin der, der für euch da ist. Die jüdische Tradition hat mit den vier hebräischen Buchstaben des Namens stets die Aussagen »er ist«, »er wird sein« und »er war« verbunden, und daher führt der Talmud zu dieser Stelle aus: »Ich war in dieser Knechtschaft bei euch, und ich werde in jeder künftigen Knechtschaft bei euch sein.« Es geht hier also nicht um eine Aussage, wie G'tt oder wer G'tt ist, sondern darum, dass G'tt beim Volk Jisrael ist und es auf seinen Wegen begleitet.

gebe dir besondere Zeichen an die Hand, damit sie dir glauben. Hier ist ein Stab. Wenn du ihn auf die Erde wirfst, dann wird er zur Schlange. Hältst du die Schlange fest, dann wird sie wieder zum Stab. Und noch ein zweites Zeichen will ich dir mitgeben: Wenn du deine Hand in deine Jacke steckst, dann wird sie weiß werden wie Schnee. Steckst du sie erneut hinein, dann wird wieder eine ganz normale Hand daraus. Das wird sicherlich Eindruck machen. Und wenn auch das noch nicht genug ist, dann nimmst du Wasser aus dem Nil und schüttest es auf die Erde. Das Wasser wird sich dann zu Blut verwandeln.«

Aber Mosche fürchtete sich noch immer, denn er war nicht geübt, mit Worten umzugehen und Menschen zu überzeugen. Da sagte der Ewige: »Ich gebe dir deinen Bruder **Aharon** mit. Denn er kann wunderschön reden und wird bestimmt alle Zweifler im Volk überzeugen.«

* **Aharon:** Bereits bei der Berufung Mosches wird deutlich, dass Aharon ihm gegenüber eine nachgeordnete Stellung einnimmt, obwohl er später zum Begründer des Priestertums in Jisrael wird. Aharon ist hier lediglich der Sprecher Mosches, der auch nicht eigens berufen wird. Überhaupt spricht G'tt meistens mit Mosche, nur sehr selten (zum Beispiel im dritten Buch Lev 10,8, *Wajikra*, S. 50) mit Aharon.

Mosche ist zurück in Mizrajim

4,18

Als Mosche heimkam, blieb er dort nicht lange, sondern sagte seinem Schwiegervater Jitro: »Ich würde gern wieder zu meinen Brüdern in Mizrajim zurückkehren, um zu sehen, wie es ihnen geht. Ich habe Sehnsucht nach ihnen.« Jitro antwortete Mosche: »Geh in Frieden.« Und der Ewige sagte zu Mosche: »Nun auf! Geh ruhig nach Mizrajim zurück. Es wird dir dort nichts passieren, denn alle Leute, die dir Böses wollten, sind bereits gestorben.« Und so nahm Mosche seine Frau und seine Kinder, setzte sie auf Esel und machte sich auf den Weg. Den Stab G'ttes, der ihm als Zeichen vor dem Pharao dienen sollte, hatte Mosche natürlich eingepackt.

Während Mosche mit seiner Familie unterwegs war, sprach der Ewige noch einmal zu Mosche und riet ihm: »Wenn du in Mizrajim angekommen bist, dann mache alle Wunderzeichen direkt vor dem Pharao. Aber ich werde es so einrichten, dass der Pharao hartherzig reagiert und euch nicht ziehen lassen wird. Und wenn er sich weigert, dann sollst du zu ihm hingehen und ihm sagen: ›So spricht der Ewige: Wenn du Jisrael nicht gehen lässt, dann werde ich deinen erstgeborenen Sohn zu Tode bringen.‹ «

Aber als sie noch auf Reisen waren, da kehrten sie in eine Herberge ein, um dort eine Nacht zu verbringen. In dieser Herberge geschah es, dass der Ewige selbst Mosche entgegentrat und versuchte, ihn zu töten, da Mosche seinen jüngsten Sohn Elieser noch nicht beschnitten hatte. Und ***Zippora*** *sah das und nahm sofort einen scharfen Stein und beschnitt damit ihren Sohn, nahm die abgeschnittene Vorhaut, warf sie vor die Füße Mosches und sagte über ihren Sohn: »Deinetwegen wäre mein Mann beinahe gestorben.« Und sofort ließ der Ewige von Mosche ab. Dies aber sagte Zippora, weil sie verstanden hatte, dass Mosche wegen der Beschneidung beinahe sein Leben verloren hätte.*

* **Zippora und die Beschneidung:** Diese Geschichte, in der Mosche von G'tt selbst bedroht wird, erinnert an den Kampf Jaakovs mit dem Engel G'ttes (vgl. erstes Buch Gen 32,23–33, *Bereschit*, S. 84). Auch hier geht es um eine direkte Bedrohung durch G'tt selbst. Da die Geschichte sehr knapp erzählt wird, sind die Bezüge nicht ganz klar. Raschi erklärt deshalb zum Beispiel, dass G'tt Mosche entgegentrat und ihn zu töten suchte, weil Mosche gezögert hatte, seinen jüngsten Sohn Elieser zu beschneiden. Mit der abgeschnittenen Vorhaut kann Zippora das Los von Mosche abwenden.

Unterdessen sprach der Ewige zu Aharon, dem Bruder Mosches: »Nun geh deinem Bruder Mosche entgegen. Er kommt bereits durch die Wüste und ist Mizrajim nah.«

Und Mosche traf am G'ttesberg auf Aharon, und gemeinsam gingen sie nach Mizrajim weiter. Sofort versammelten sie die Kinder Jisraels um sich, und Aharon sprach zu ihnen und berichtete, was der Ewige mit ihnen vorhätte. Auch von den Wundertaten, die Mosche vollbringen könne, erzählte er. Da warf Mosche den Stab auf die Erde, und der Stab wurde eine Schlange. Auch seine Hand steckte er in seine Jacke, und die Hand wurde weiß wie Schnee. Da schenkte das Volk Mosche und Aharon sein Vertrauen und glaubte an das, was sie ihnen sagten.

Mosche trifft sich mit dem Pharao

5,1

Dann gingen Mosche und Aharon zum Pharao und erzählten ihm, dass er die Jisraeliten gehen lassen müsse, denn sie wollten ihrem G'tt in der Wüste Geschenke bringen. Aber der Pharao sagte nur: »Was soll denn das für ein G'tt sein, der mir Befehle geben könnte? Diesen Ewigen kenne ich nicht. Also haltet die Leute nicht von der Arbeit ab, sonst bekommen sie noch mehr Kinder! Und geht gefälligst selbst an eure Arbeit zurück!«

Da gingen Mosche und Aharon fort. Und die Aufseher machten die Arbeit um vieles schwerer, sodass die Jisraeliten noch mehr schuften mussten und kaum noch zum Luftholen kamen. Jetzt mussten sie nicht nur die Ziegel herstellen, sondern sich auch das Material selbst besorgen. Alles Klagen beim Pharao half nichts. Die Aufseher blieben unbarmherzig und nannten die Hebräer elende Faulenzer. Sie mussten immer härter arbeiten und wurden immerzu geschlagen. Schließlich waren sie auch auf Mosche und Aharon böse, denn sie glaubten, dass sie nur deshalb härter arbeiten mussten, weil Mosche und Aharon beim Pharao vorgesprochen hatten, um sie ziehen zu lassen.

Das machte Mosche natürlich sehr traurig. Also ging er zum Ewigen und sagte ihm: »Jetzt ist alles noch viel schlimmer geworden. Weshalb hast du mich nur zum Pharao geschickt?«

»Sei nicht traurig!«, sagte ihm der Ewige. »Denn ich werde euch mit meiner starken Hand aus Mizrajim hinausführen. Nein! Ich werde es so einrichten, dass euch die Leute von Mizrajim noch hinausjagen werden!«

PARASCHAT WAERA – Ich habe mich gezeigt

Ex 6,2–9,35

Diese Parascha findet – neben der regulären Lesung während des Lesezyklus – ihren Niederschlag vor allem in der *Pessach-Haggada*, die intensiv auf das Geschehen des Auszugs und auf die Plagen Bezug nimmt.

Als Haftara werden im Anschluss an diese Parascha die Worte des Jecheskel gegen Mizrajim gelesen, Ez 28,25–29,21.

Einleitung

Mit dieser Parascha beginnt die Plagenerzählung, die in der nächsten Parascha, Paraschat *Bo*, fortgesetzt wird und in der übernächsten Parascha, Paraschat *Beschalach*, in der Meerwundererzählung ihren Höhepunkt und Abschluss erfährt. Sie sind sehr ausführlich dargestellt, und da ihnen allen ein ähnliches Muster zugrunde liegt, scheinen diese Erzählungen zunächst etwas langatmig. Nur durch die Zauberer, die anfangs noch mithalten können, später aber dazu nicht mehr in der Lage sind, ergibt sich so etwas wie erzählerische Spannung. Nach dem zehnten Mal sollte ein normaler Mensch eigentlich begriffen haben, dass er gegen diesen G'tt keine Chance hat. Aber das eigentliche Motiv für die Wiederholungen dürfte darin liegen, die Hartnäckigkeit bzw. Hartherzigkeit des Pharao zu unterstreichen. Immer wieder heißt es: »sein Herz blieb hart« oder »G'tt machte sein Herz hart«. Diese Formulierungen bringen zum Ausdruck, dass G'tt selbst die eigentliche Ursache für das Geschehen ist. Der Pharao ist also nicht einfach nur besonders stur, sondern G'tt selbst hat veranlasst, dass der Pharao keinen Ausweg aus seinem Verhalten findet. Denn die Hartherzigkeit soll ja den Auszug aus Mizrajim und das Meerwunder einleiten. Ein so wichtiges Ereignis kann aber nicht auf dem zufälligen Verhalten eines einzelnen Menschen beruhen.

Diese drei Paraschijot sind für das Selbstverständnis des Judentums außerordentlich wichtig. Denn hier wird davon erzählt, wie sich die »Kinder Jisraels« zusammenfinden und langsam zu einer Größe werden, die sich von anderen Völkern unterscheidet. Die Sklaven und Sklavinnen Mizrajims, die unter der Knute der Aufseher leiden und nur noch Sinn dafür haben, wie sie die Arbeitsbedingungen meistern können, bekommen eine Identität als Jisraeliten und können so aufbegehren und schließlich eigenständig ihren Weg in die Zukunft einschlagen. Die Plagenerzählung vermittelt also eine wichtige Aussage: Jisrael soll zu einem Subjekt der Geschichte werden!

Aber die Torah erzählt nicht nur von dieser wichtigen Erkenntnis, sondern schließt in diese Erzählung die genauen Anweisungen zum Pessach- und Mazzotfest ein. Damit erhält das gesamte Auszugsgeschehen eine ganz herausragende Bedeutung im Leben jedes einzelnen Juden. Denn das Pessachfest wurde nicht nur das erste und wichtigste Pilgerfest (der *Schalosch Regalim*) in der Torah, sondern ist auch für uns heute, die wir Jahr für Jahr zu Pessach am Sederabend zusammensitzen und den Auszug neu erzählen, das grundlegende Fest für das eigene Selbstverständnis. Seine Bedeutung kann man auch daran erkennen, dass in einer langen Tradition ein Büchlein, nämlich die *Haggada schel-Pessach*, entstanden ist, die das Auszugsgeschehen in seiner eigenen Weise mit eigenen Reflexionen aus der jüdischen Tradition nacherzählt und es damit dem heutigen Leser aktuell hält.

Auf welche Weise der biblische Text in der *Pessach-Haggada* aufgenommen wird, zeigt sehr schön der Brauch der vier Becher: Am Sederabend sollen vier Becher Wein getrunken und ein weiterer für den Propheten Elijahu bereitgestellt werden.

Dies wird nämlich auf die Tatsache zurückgeführt, dass zu Beginn dieser Parascha fünf Versprechen G'ttes genannt werden: 1. Ich will euch hinausführen. 2. Ich will euch erretten. 3. Ich will euch erlösen. 4. Ich will euch mir zum Volk nehmen. 5. Ich werde euch in das Land bringen.

Mosche erhält einen wichtigen Auftrag

6,2

וַיְדַבֵּר אֱלֹהִים אֶל מֹשֶׁה
וַיֹּאמֶר אֵלָיו אֲנִי ה':
וָאֵרָא אֶל אַבְרָהָם אֶל יִצְחָק וְאֶל יַעֲקֹב בְּאֵל שַׁדָּי
וּשְׁמִי ה' לֹא נוֹדַעְתִּי לָהֶם:
וְגַם הֲקִמֹתִי אֶת בְּרִיתִי אִתָּם לָתֵת לָהֶם אֶת אֶרֶץ כְּנָעַן
אֵת אֶרֶץ מְגֻרֵיהֶם אֲשֶׁר גָּרוּ בָהּ:

G'tt erklärte Mosche sehr genau, was er mit ihm und dem Volk Jisrael vorhatte: dass er nämlich schon Avraham, Jizchak und Jaakov ein sehr schönes Land, das **Land Knaan**, versprochen habe. Und dass er jetzt die Kinder Jisraels aus Mizrajim hinausführen werde, um ihnen dieses Land zu geben. Und dass er dazu Mosche brauche. Denn der solle zum Pharao, dem König über Mizrajim, hingehen und ihm sagen, dass er die Kinder Jisraels freilassen müsse.

Und so, wie der Ewige es Mosche befohlen hatte, ging Mosche zu den Kindern Jisraels und erzählte ihnen, was ihm der Ewige gesagt hatte. Aber die Kinder Jisraels hörten nicht auf ihn. Sie waren von der harten Arbeit, die sie für die Leute aus Mizrajim tun mussten, viel zu müde, um seinen Worten Gehör zu schenken.

Deshalb ging Mosche wieder zurück, um vom Ewigen zu erfahren, was er tun solle. Da sagte der Ewige zu ihm: »Geh nun zum Pharao und sag ihm, dass er die Kinder Jisraels gehen lassen soll.«

* **Das Land Knaan/Jisrael:** Wie schon bei den Stammeltern wird dem Volk von Anfang an das Land Jisrael versprochen. Doch anders als bei diesen muss das Land vom Volk gewissermaßen »erarbeitet« werden. Der Text berichtet zwar, dass G'tt durch einen Machtbeweis gegenüber dem Pharao Unterstützung leistet, aber auch, dass Mosche und Aharon selbst mit dem Pharao verhandeln müssen. Deshalb sehen die Jisraeliten nur die menschliche Seite und glauben Mosche und seinem Auftrag nicht recht. Hier ist schon angelegt, was sich später in den Erzählungen, in denen Jisrael meckert und zetert, immer wieder zeigt: Das Volk will nicht einsehen, dass es auf dem Weg in das Land Jisrael diese Strapazen der Wanderung auf sich nehmen muss. Es hat das Versprechen des Landes nicht deutlich genug vor Augen, und die Jisraeliten sind oft mutlos und daher nicht in der Lage, diesen großen geschichtlichen Bogen als Realität wahrzunehmen.

Mosche war darüber sehr erstaunt und antwortete: »Aber wenn die Kinder Jisraels schon nicht auf mich hören, wie soll es dann der Pharao tun, wo ich kein guter Redner bin?«

Doch der Ewige blieb hart und sagte nur: »Du und dein Bruder Aharon, ihr beide geht zum Pharao. Und wenn du, Mosche, nicht gut im Reden bist, dann hast du ja Aharon, der die richtigen Worte schon finden wird!«

Und noch einmal wandte sich der Ewige Mosche zu und sagte: »Schau, ich habe dich zum Richter über den Pharao gemacht, und Aharon ist dein Dolmetscher. Alles, was ich dir befehlen werde, sollst du dem Aharon sagen, und Aharon gibt es dann an den Pharao weiter. Du wirst also sagen, dass der Pharao die Kinder Jisraels ziehen lassen soll. Aber ich werde das Herz des Pharao hart machen, damit er nicht auf dich hören kann. Und dann werde ich mein Volk mit starker Hand aus Mizrajim hinausführen.«

Mosche und Aharon gehen zum Pharao

7,10

Und so machten Mosche und Aharon, was ihnen der Ewige gesagt hatte. Mosche war zu dieser Zeit achtzig Jahre alt und Aharon dreiundachtzig. Gemeinsam gingen sie zum Pharao, um dort ihr Anliegen vorzutragen. Aber der Pharao wollte zunächst einmal ein Wunderzeichen sehen, damit er prüfen konnte, ob die beiden überhaupt würdig waren, mit ihm, einem König, zu sprechen. Also nahm Aharon seinen Stab und warf ihn direkt vor dem Pharao zu Boden. Die Leute, die umherstanden, staunten nicht schlecht, als aus dem Stab plötzlich eine Schlange wurde. Aber sofort rief der Pharao seine Zauberer und verlangte, dass auch sie aus Stäben Schlangen machten. Da traten die Zauberer näher und warfen alle Stäbe auf den Boden. Und tatsächlich: Auch die Zauberer konnten Schlangen zaubern. Wie da aber so viele Schlangen auf dem Boden herumkrochen, kam der Stab Aharons und verschlang alle anderen Schlangen.

Aber das alles war dem Pharao egal, sein Herz blieb hart. Er wollte nicht einmal hören, welches Anliegen Mosche und Aharon hatten, ganz so, wie es der Ewige vorausgesagt hatte.

Erste Plage: Wasser zu Blut

7,14
Da sagte der Ewige zu Mosche: »Nun habt ihr gesehen, dass der Pharao die Kinder Jisraels nicht ziehen lassen will, weil er ein hartes Herz hat. Aber geht morgen noch einmal zu ihm. Ihr werdet ihn am Nil antreffen.« Und der Ewige erklärte ihnen genau, was sie zu tun hatten.

Am nächsten Morgen gingen sie hinunter zum Nil, dem großen Fluss in Mizrajim, und trafen dort auf den Pharao. Und Aharon sagte zu ihm, dass die Kinder Jisraels in die Wüste gehen müssten, damit sie dort für den Ewigen ein Fest feiern könnten. Aber der Pharao wollte davon nichts hören. Also sagte Mosche dem Aharon, was er zu tun habe, und so nahm Aharon den Stab und schlug auf das Wasser des Nils. Auch über alle anderen Wasserstellen streckte Aharon seinen Stab aus. Da wurde der Nil ganz rot, und er begann zu stinken. Denn alles Wasser war in **Blut** verwandelt worden: der Nil, seine Seitenarme, alle Sümpfe und sogar das Wasser in den Holz- und Steingefäßen. Viele tote Fische schwammen auf dem Wasser, und die Menschen begannen, sich davor zu ekeln.

* **Blut:** Dass der Pharao durch die Zauberer selbst für eine Plage in seinem eigenen Land sorgt und damit seinem Volk schadet, verdeutlicht, dass hier ein reiner Machtkampf geschildert wird. Der Pharao ist nach der Darstellung der Torah nur daran interessiert, seine eigene Macht gegenüber anderen Mächten zu behaupten. Wäre es ihm um sein Volk gegangen, so hätte er von den Zauberern wohl eher einen Gegenzauber gegen die Plagen verlangt.

Die Zauberer versuchten es nachzumachen, und mit viel gemurmelten Zauberformeln brachten sie es auch zustande und verwandelten das Wasser im Nil zu Blut. Sieben Tage lang gab es im Nil kein Wasser, und die Leute in Mizrajim mussten es sonstwo suchen.

Deshalb blieb das Herz des Pharao hart, und er dachte sich, dass auch Mosche und Aharon nur Zauberer seien und dass man auf sie nicht hören müsse. Er ließ die Kinder Jisraels nicht frei.

Zweite Plage: Ein Meer von Fröschen

7,26

Und wieder schickte der Ewige Mosche und Aharon zum Pharao. Wieder sollten sie ihm sagen, dass die Kinder Jisraels aus Mizrajim fortgehen müssten. Falls sich der Pharao auch diesmal weigern sollte, würde ihn eine eklige Froschplage treffen.

8,1

Und so streckte Aharon auf Mosches Befehl hin wieder seinen Stab über die Gewässer Mizrajims aus, und plötzlich krochen von überall **Frösche** hervor. Aus dem Nil kamen sie, aus großen Seen, kleinen Teichen – überall wimmelte es von Fröschen. Ganz Mizrajim war mit Fröschen übersät.

* **Frösche:** Das erste Eingeständnis (wenn auch nur ein vorgeschobenes) des Pharao wird dort berichtet, wo die Zauberer ihre erste Niederlage einstecken müssen: Sie können zwar ebenfalls Frösche hervorzaubern, aber entfernen können sie sie nicht. Den Verlust der Macht muss der Pharao sozusagen mit einem Eingeständnis gegenüber dem Stärkeren quittieren.

Aber dem Pharao war alles ganz egal. Denn auch diesmal konnten seine Zauberer Frösche hervorzaubern, wodurch es noch mehr Frösche gab. Da kam der Pharao zu Mosche und Aharon und sagte ihnen: »Es sind einfach zu viele Frösche. Sogar im Bett und in den Backtrögen sind sie! Geht zu eurem Ewigen und bittet ihn, dass er die Frösche verschwinden lassen soll. Man kann ja nirgendwo mehr hintreten! Wenn die Frösche dann weg sind, kann das Volk auch gerne in die Wüste ziehen und dem Ewigen ein Geschenk bringen.« Mosche und Aharon ließen den Pharao sogar die Zeit bestimmen, an denen sie die Frösche wieder verschwinden lassen sollten.

Noch am selben Tag beteten Mosche und Aharon zum Ewigen, und am nächsten Tag ließ der Ewige alle Frösche sterben. Das ganze Land stank von den toten Fröschen. Aber als der Pharao sah, dass die Plage ein Ende hatte, wurde er so hartherzig wie zuvor. Die Reise in die Wüste war vergessen.

Dritte Plage: Ungeziefer aus dem Staub

8,12

Da sagte der Ewige zu Mosche: »Aharon soll mit seinem Stab auf die Erde schlagen, damit überall aus dem Staub **Ungeziefer** herausspringt.«

Und so machten sie es auch. Aharon schlug mit seinem Stab auf die Erde, wie es Mosche ihm überbracht hatte. Und aller Staub der Erde wurde zu Ungeziefer, und die Menschen in ganz Mizrajim wurden von unangenehmen Sandflöhen angefallen. Auch diesmal holte sich der Pharao die Zauberer, damit sie den Staub in Ungeziefer verwandelten, aber es gelang nicht.

Da warnten die Zauberer den Pharao und sagten ihm: »Hier war keine Zauberei am Werk, sondern der Finger G'ttes.« Aber der Pharao blieb hartherzig und hörte nicht auf Mosche und Aharon, genau wie es der Ewige vorausgesagt hatte.

* **Ungeziefer:** Inzwischen haben die Zauberer erkannt, dass höhere Mächte am Werk sind, und verweisen deshalb auf G'tt. Aber sie wurden auch nicht »verhärtet«, sodass ihnen der normale Blick auf das Geschehen nicht verstellt ist. Anders der Pharao: Er bleibt in seiner Logik gefangen, wonach das Geschehene nicht durch eine herausgehobene und von den ägyptischen Zauberkünsten zu unterscheidende Macht geschieht.

Vierte Plage: Überall wilde Tiere

8,16

Und wieder schickte der Ewige Mosche und Aharon zum Pharao, damit er die Kinder Jisraels freilassen solle. Da aber der Pharao auch dieses Mal nicht auf Mosche und Aharon hörte, sagte der Ewige zu Mosche: »Wenn der Pharao morgen früh zum Wasser hinuntergeht, dann geh ihm dort entgegen und sag ihm: ›Das sagt dir der Ewige: Lass endlich mein Volk gehen, damit es mir dienen kann. Wenn du dich aber nach wie vor weigerst, dann lasse ich über dich und dein Volk **wilde Tiere** kommen, dass ein Schrecken im Land sein wird! Allein das Land Goschen, wo mein Volk wohnt, soll von dieser Plage verschont bleiben, damit du endlich erkennst, dass ich, der Ewige, Macht über die Erde habe. Ich will nämlich einen Unterschied setzen zwischen meinem und deinem Volk.‹«

Da streunten plötzlich überall wilde Tiere umher, Schlangen und Skorpione, so, wie es der Ewige im Voraus angekündigt hatte. Die wilden Tiere waren überall. Es war eine schreck-

* **Wilde Tiere:** In der vierten Plage kommt ein neues Motiv zum Tragen: die Unterscheidung zwischen den Jisraeliten und Mizrajim. Die Plagen treffen nur noch Mizrajim, Jisrael wird explizit ausgeschlossen. Damit wird das Hauptmotiv, das später eine wichtige Rolle spielen soll, schon einmal eingeführt: Der gesamte Plagenzyklus inklusive Meerwunder läuft darauf hinaus, dass Jisrael von Mizrajim geschieden werden soll, damit es endlich ein selbstständiges Volk werden kann.

liche Zeit in Mizrajim. Nur im Land Goschen, dort, wo die Kinder Jisraels lebten, da gab es keine wilden Tiere.

Als die Plage allzu groß und bedrohlich geworden war, ließ der Pharao Mosche und Aharon zu sich kommen und rief: »Auf! Bringt eurem G'tt **Geschenke**, aber bleibt hier im Land an eurem Wohnort!«

Aber Mosche und Aharon erklärten dem Pharao, dass dies keine gute Idee sei, denn den Leuten aus Mizrajim sei die Vorstellung, bestimmte Tiere als Geschenk für G'tt zu bringen, schrecklich, und dann gäbe es Mord und Totschlag.

Da sagte der Pharao endlich: »Nun geht schon. Geht in die Wüste und bringt eurem G'tt eure Geschenke. Aber entfernt euch nicht zu weit! Ich brauch euch schließlich noch. Und: Betet für mich!«

Mosche und Aharon gingen also vom Pharao fort und beteten zum Ewigen. Und sofort zogen sich die wilden Tiere zurück und ließen die Leute in Mizrajim von nun an in Ruhe.

Als der Pharao sah, dass wieder alles in Ordnung war, ließ er auch diesmal die Kinder Jisraels nicht fortgehen. Er blieb hartherzig wie immer.

* **Das Geschenk für G'tt:** Im Buch *Schemot* wird noch ganz allgemein von Tieropfern gesprochen, die für G'tt geschächtet werden sollen. Erst im folgenden Buch *Wajikra* wird dafür mit *korban* ein konkreter Begriff geprägt und das Tieropfer sehr spezifisch auf das Heiligtum hin verstanden. In jedem Fall sind die Geschenke für G'tt jedoch Schlachtungen von Tieren, die den Ägyptern ein Gräuel waren. Genau dies konnte Mosche dem Pharao als Argument für die Reise in die Wüste liefern.

Fünfte Plage: Eine grausame Pest

9,1

Und wieder sagte der Ewige zu Mosche: »Ihr müsst noch einmal zum Pharao gehen und von ihm verlangen, dass er die Kinder Jisraels freilassen soll. Und wenn er nicht auf euch hört, dann wird eine fürchterliche **Pest** über die Tiere Mizrajims kommen. Aber auch dieses Mal werde ich einen Unterschied machen zwischen den Tieren Jisraels und den Tieren Mizrajims. Denn die Tiere Jisraels wird es nicht treffen.« Aber der Pharao wollte natürlich auch dieses Mal von alldem nichts wissen, er blieb hartherzig und wandte sich von Mosche und Aharon ab.

Da geschah es! Alle Tiere in Mizrajim wurden schwer krank und bekamen überall Beulen und Ausschläge, dass sie sich

* **Pest:** Auch hier liegt die Pointe in der Unterscheidung zwischen Jisrael und Mizrajim. Diesmal geht die Einsicht des Pharao zumindest soweit, dass er sich erkundigt, ob dieser Unterschied tatsächlich besteht. Gleichzeitig legt der Text jedoch nahe, dass die Antwort auf diese Frage für den Pharao keine Bedeutung hat, weil er genau diesen Unterschied zwischen Jisrael und Mizrajim nicht akzeptieren möchte. Jisrael soll lediglich als Teil Mizrajims seine Berechtigung haben.

kaum mehr regen konnten. Ob Pferde, Rinder, Kamele oder Schafe, überall lagen Tiere erschöpft darnieder, und eins nach dem anderen starb. Alle Tiere Mizrajims mussten sterben, und nur die Tiere Jisraels blieben verschont.

Der Pharao wies seine Untergebenen an, zu überprüfen, ob denn wirklich nur die Tiere in Mizrajim starben, während die Tiere der Jisraeliten gesund blieben. Aber es half nichts: Obwohl er den Unterschied zwischen Mizrajim und den Kindern Jisraels deutlich gesehen hatte, rührte ihn das alles nicht, denn sein Herz blieb hart, weshalb er nach wie vor nicht auf Mosche und Aharon hörte.

Sechste Plage: Hässliche Geschwüre

9,8

Und wieder sprach der Ewige zu Mosche und Aharon und sagte ihnen genau, was sie zu tun hatten.

Und so machten es Mosche und Aharon. Wie es der Ewige angeordnet hatte, nahmen sie Ofenruß in die Hände und warfen ihn in die Höhe. Ganz feiner Staub rieselte hernieder und bedeckte die Haut von Menschen und Tieren, sodass sie überall **Geschwüre** bekamen, einen ekelhaften Aussatz auf der Haut. Die Plage war so heftig, dass sich auch die Zauberer entschuldigen ließen, weil sie wegen der Geschwüre nicht in der Lage seien zu kommen.

Aber das alles interessierte den Pharao nicht, denn der Ewige machte dessen Herz hart, weshalb der Pharao auch diesmal nicht auf das hörte, was der Ewige von ihm verlangte.

* **Geschwüre:** Diese Plage bringt keine Steigerung mit sich, auch wird hier kein neues Motiv aufgebaut oder weitergeführt. Sie ruft lediglich noch einmal die Zauberer auf den Plan und schildert sie in ihrer Unfähigkeit, für den Pharao etwas zu tun, weil sie selbst von der Plage betroffen sind. Dies ist das letzte Mal, dass von ihnen die Rede ist.

Siebte Plage: Hagelregen donnert herab

9,13

Und so sagte der Ewige zu Mosche: »Geh früh am Morgen zum Pharao und sag ihm, dass er die Kinder Jisraels freilassen soll. Und wenn er es nicht tut, dann wird die nächste Plage ihn selbst und seinen Hofstaat treffen. Denn er, der Pharao, soll erkennen, dass ich auf der Erde mit niemandem vergleichbar bin. Denn es wäre mir ein Leichtes, ihn zu vernichten, aber ich möchte ihn nicht vernichten, sondern an ihm meine Macht zeigen, damit mein Name auf Erden bekannt wird.«

* **Hagel:** Das Besondere hier steckt in der Ankündigung, dass diese Plage auch den Pharao und seinen Hofstaat treffen soll. Getroffen wird der Pharao selbst jedoch nicht. Offensichtlich hat er Mosche geglaubt und es vorgezogen, zu Hause zu bleiben. Sogar von einem Schuldeingeständnis des Pharao ist die Rede, aber auch das ist nur flüchtig und von kurzer Dauer.

Und Mosche warnte den Pharao vor einem schweren **Hagel** und riet ihm, sein Vieh und all seine Diener, die noch draußen waren, ins Haus bringen zu lassen, damit sie nicht durch die großen Hagelkörner sterben müssten.

Aber Mosches Forderung blieb auch diesmal unerfüllt, und so kam es, dass ein schwerer Hagel vom Himmel herunterkam. Es war ein richtiges Unwetter, es donnerte, blitzte und hagelte. Und wer Mosche vertraut hatte, der hatte vorher alles Vieh vom Feld genommen und war selbst zu Hause geblieben, sodass ihm nichts geschehen konnte. Aber all jene, die nicht auf Mosche gehört hatten, wurden auf freiem Feld erschlagen. Auch die Tiere, die draußen geblieben waren, wurden durch den Hagel getötet. Nur dort, wo die Kinder Jisraels wohnten, hagelte es nicht, und die Kinder Jisraels konnten sich frei bewegen.

Als der Pharao das Unwetter sah, ließ er Mosche und Aharon eilig zu sich rufen und sagte zu ihnen: »Also gut, der Ewige hat Recht, und ich habe gesündigt. Geht hin zu eurem Ewigen und bringt ihm Geschenke. Aber vorher bittet ihn darum, dem Unwetter endlich ein Ende zu setzen!«

Und so betete Mosche zum Ewigen, und sofort hörte das Unwetter auf. Als der Pharao aber sah, dass wieder alles ruhig geworden war und das Unwetter aufgehört hatte, ließ er die Kinder Jisraels nicht frei. Denn das Herz des Pharao blieb hart, genauso, wie es der Ewige vorausgesagt hatte.

PARASCHAT BO – Komm

Ex 10,1–13,16

Da in dieser Parascha das Pessachfest begründet wird, werden zu diesem Fest einige Texte aus der Parascha *Bo* gelesen: Am ersten Tag Pessach wird Ex 12,21–51 als Torah-Lesung rezitiert, am ersten Zwischenfeiertag wird Ex 13,1–16 gelesen. Darüber hinaus wird Ex 12,1–20 als Torah-Lesung zu *Schabbat ha-Chodesch* (einer der vier besonderen Schabbatot vor Pessach) gelesen.

Als Haftara zu dieser Parascha wird Jer 46,13–28 gelesen, ein Text, der Worte des Propheten Jirmejahu gegen Mizrajim enthält.

Einleitung

Diese Parascha ist die unmittelbare Fortsetzung der vorangegangenen. Thema sind nach wie vor die Plagen, die nun allerdings mit dem Pessach-Thema verbunden werden. Denn der Auszug aus Mizrajim und Pessach gehören für das jüdische Denken unmittelbar zusammen. Und ging es bei den Plagen vor allem darum, dass das Volk Jisrael ein erstes Mal eine Identität finden sollte, indem es sich von Mizrajim unterscheidet und sich absetzt, so erhält es nun dafür auch ein eigenes Fest und konstituiert sich damit zum ersten Mal als g'ttesdienstliche Gemeinde *(eda).* Aber was ist nun das Besondere an diesem Fest? Zunächst einmal, dass die Zählung der Monate künftig mit dem Monat *Nisan,* dem Frühlingsmonat, beginnt. Für das noch in Mizrajim stattfindende Pessach gilt einmalig, dass die Jisraeliten mit dem Blut des geschächteten Lammes die Türpfosten einschmieren sollen, damit – wie es dann in der nächsten Parascha *Beschalach* erzählt wird – der »Todesengel«, der alle Erstgeborenen erschlagen soll, an den Häusern Jisraels vorbeiziehen kann. Auch dieser Ritus dient also zur Unterscheidung und damit zur Identitätsfindung.

Aber es wird nicht nur erzählt, wie die Jisraeliten das Fest erstmals an diesem 14. Nisan vorbereiten und feiern sollen, sondern es wird sofort mitgegeben, dass dieses Fest in allen zukünftigen Generationen jedes Jahr gefeiert werden soll, von dem Moment an, wo sie im Land Jisrael wohnen werden. Von Anfang an geht es an Pessach also nicht nur darum, einem historischen Ereignis zu huldigen. Es ist kein rückwärtsgewandtes Fest, sondern es steht gleichzeitig für sich selbst: Die Jisraeliten sollen sich ihrer Identität als Volk bewusst werden, einer Identität, von der später die Juden, als sie keinen Staat mehr hatten, in aller Welt lebten und bis heute davon bestimmt sind.

Erzählen: In der Plagen- und Meerwundererzählung sowie der darin eingeschlossenen Pessach-Überlieferung ist mehrfach davon die Rede, dass das hier Berichtete an die Kinder und Enkel weitererzählt werden soll. Dem Text geht es also nicht nur um das Erzählte selbst, sondern um die Tradition, das Fortführen dieses Erzählens. Dreh- und Angelpunkt ist daher nicht nur das historische Ereignis selbst, sondern die Fundierung einer erzählenden Gemeinschaft, für die das Erzählte zugleich Konsens und Grundlage ist. Deshalb haben wir übrigens diese Torah für Kinder auch *Erzähl es deinen Kindern* genannt. Das Buch *Schemot* und das Buch *Devarim* sprechen immer wieder davon, die Geschichte und die Geschichten des Volkes Jisrael den Nachkommen zu erzählen und einzuschärfen.

Jüdische Monate: Nach der jüdischen Tradition beginnt die Zählung des jüdischen Jahres mit dem Monat Nisan, dem Frühlingsmonat. Nicht alle Monate sind in der Torah bereits mit den heutigen Namen genannt, manche stammen auch aus einer späteren Zeit, als Jisrael in Babylonien war. Dennoch seien sie hier aufgelistet, weil sie das jüdische Jahr und all seine Feste bestimmen: Nisan, Ijar, Siwan, Tammus, Av, Elul,

Tischrej (in diesen Monat fällt *Rosch ha-Schana*, das jüdische Neujahr), Cheschwan, Kislew, Tevet, Schvat und Adar.

Mizwot: An das Pessachfest werden verschiedene Mizwot, Gebote, geknüpft. So ist die besondere Stellung des Erstgeborenen bereits hier festgelegt, weil die Erstgeborenen ja vom Ewigen verschont worden sind und deshalb eigentlich dem Ewigen gehören. Diese ersten Gebote werden noch ganz vorsichtig in den Rahmen einer Erzählung eingewoben, so, als müssten die Jisraeliten, respektive die Leser, an die neue Realität der Gebote erst gewöhnt werden.

Achte Plage: Die Heuschrecken kommen

10,1

וַיֹּאמֶר ה' אֶל מֹשֶׁה בֹּא אֶל פַּרְעֹה
כִּי אֲנִי הִכְבַּדְתִּי אֶת לִבּוֹ וְאֶת לֵב עֲבָדָיו
לְמַעַן שִׁתִי אֹתֹתַי אֵלֶּה בְּקִרְבּוֹ:
וּלְמַעַן תְּסַפֵּר בְּאָזְנֵי בִנְךָ וּבֶן בִּנְךָ
אֵת אֲשֶׁר הִתְעַלַּלְתִּי בְּמִצְרַיִם וְאֶת אֹתֹתַי אֲשֶׁר שַׂמְתִּי בָם
וִידַעְתֶּם כִּי אֲנִי ה':

Nach all dem sagte der Ewige noch einmal zu Mosche: »Komm, Mosche, geh zum Pharao und warne ihn. Du weißt, ich habe es so eingerichtet, dass er ganz stur und hartherzig ist. Das habe ich getan, damit ich möglichst viele Wunderzeichen an ihm vollbringen kann, von denen du noch deinen Kindern und Enkeln erzählen sollst. Ihr sollt verstehen, dass ich der Ewige bin.«

Also sagten Mosche und Aharon zum Pharao: »Wie lange willst du eigentlich noch störrisch sein? Lass die Kinder Jisraels endlich gehen. Wenn du dich weigerst, dann werden **Heuschrecken** kommen, zu Tausenden werden sie überall wimmeln und das ganze Land kahl fressen.«

Nach Mosche und Aharons Besuch empfing der Pharao seine Berater. Und sie sagten zu ihm: »Wie lange willst du dich noch weigern und uns alle ins Unglück stürzen? Lass die Leute ziehen, damit wir wieder unsere Ruhe haben. Sonst geht Mizrajim noch zugrunde.« Da lenkte der Pharao ein und ließ Mosche und Aharon zurückkommen. Nachdem Mosche aber erklärt hatte, wer alles mit ihnen in die Wüste ziehen sollte und dass dies das ganze Volk sei, da wurde der Pharao ungehalten und sagte: »Nur die Männer sollen gehen und eurem Ewigen

* **Heuschrecken:** Auch bei dieser Plage gibt es eine kleine Veränderung im Ablauf, denn die Berater des Pharao haben inzwischen eingesehen, dass es so nicht weitergehen kann. Immerhin lenkt daraufhin der Pharao ein, wenngleich nur für kurze Zeit, und lässt ein Schuldeingeständnis erkennen, das aber keine grundsätzliche Änderung in seinem Verhalten bewirkt.

dienen.« Aber Mosche und Aharon wollten, dass alle mitgingen, Mensch und Tier. Da wurde der Pharao wütend und ließ Mosche und Aharon hinauswerfen.

Sofort sagte der Ewige zu Mosche: »Streck deine Hand über Mizrajim aus, damit Heuschrecken über das Land herfallen!« Und Mosche streckte seinen Stab über das Land Mizrajim aus. Da kam ein starker Ostwind auf und brachte unendlich viele Heuschrecken mit sich. Die Erde wurde schwarz von ihnen. Und die Heuschrecken machten sich über jedes Pflänzlein, Blättchen und Kraut her und fraßen alles kahl. Kein Blättchen war mehr übrig. So etwas hatten die Leute von Mizrajim noch nie gesehen.

Als aber der Pharao sah, was passiert war, ließ er Mosche und Aharon ausrichten: »Ich habe gesündigt und mich euch gegenüber nicht richtig verhalten. Verzeiht mir das noch dieses eine Mal, aber bitte, lasst die Heuschrecken endlich verschwinden!«

Und Mosche ging zum Ewigen und betete zu ihm. Da änderte der Ewige die Richtung des Windes, und der Wind trug die Heuschrecken aus dem Land ins Schilfmeer hinein. Nicht eine Heuschrecke blieb übrig.

Aber noch einmal richtete es der Ewige so ein, dass der Pharao trotzig wurde und hartherzig blieb. Und so weigerte sich der Pharao erneut, das Volk ziehen zu lassen, als er gesehen hatte, dass alle Heuschrecken verschwunden waren.

Neunte Plage: Nun wird es ganz dunkel

10,21

Da sagte der Ewige zu Mosche: »Streck deine Hand Richtung Himmel. Es soll **Finsternis** sein über dem Land Mizrajim. Schon am Tag soll es so dunkel sein, dass man die Finsternis mit Händen greifen kann – drei Tage lang! Und die Nächte sollen auch dunkler sein als sonst.«

* **Finsternis:** Es geht in dieser Erzählung aber nicht nur darum, dass man in Mizrajim nichts mehr sehen konnte. Vielmehr betont die biblische Formulierung die Macht des Ewigen: Hatte er im ersten Schöpfungsbericht verfügt, dass Licht sein solle, so verfügt er hier mit denselben Worten die Finsternis.

Und so machte es Mosche. Er streckte seine Hand Richtung Himmel, und es wurde dunkel, vollkommen dunkel im ganzen Land. Der eine sah den andern nicht, alle blieben dort stehen oder sitzen, wo sie gerade waren. Nur die Kinder Jisraels hatten Licht in ihren Wohnungen.

Da sah der Pharao, dass es unmöglich war, in einer solchen Dunkelheit zu leben, und holte Mosche und Aharon herbei: »Geht endlich und dient eurem Ewigen. Nur die Schafe und Rinder, die lasst hier.« Aber Mosche wollte auch die Tiere dabeihaben, denn von ihnen wollten sie einige dem Ewigen als Geschenk bringen.

10,28–29

וַיֹּאמֶר לוֹ פַרְעֹה לֵךְ מֵעָלָי
הִשָּׁמֶר לְךָ אַל תֹּסֶף רְאוֹת פָּנַי כִּי בְּיוֹם רְאֹתְךָ פָנַי תָּמוּת:
וַיֹּאמֶר מֹשֶׁה כֵּן דִּבַּרְתָּ לֹא אֹסִף עוֹד רְאוֹת פָּנֶיךָ:

Da wurde der Pharao so wütend wie nie zuvor und schrie: »Weg mit euch! Ich will euch nie mehr sehen.« Da antwortete Mosche: »Ganz recht. Mir ist es jetzt auch genug. Ich werde mich hier nicht mehr sehen lassen!«

* **Die zehnte Plage:** Diese Plage wird nicht – wie die anderen – durcherzählt, sondern zwischen Ankündigung und Ausführung der Plage ist hier die Anordnung des ersten Pessachs in Mizrajim eingeschoben. Der Erzählstrang wird also erstmals durch ein Gebot unterbrochen, das nicht Einzelnen (wie z. B. bei der Beschneidung), sondern der ganzen Gemeinde Jisraels auferlegt wird. Auf der anderen Seite bedeutet dies, dass die Mizwot zu Pessach nicht im luftleeren Raum stehen, sondern hier ihre Begründung finden.

Die zehnte Plage wird angekündigt

11,1

Dann sagte der Ewige zu Mosche: »Jetzt möchte ich nur noch eine Plage über Mizrajim bringen. Dann soll es genug sein, und der Pharao wird euch aus Mizrajim ziehen lassen – nein, er wird euch hinauswerfen! Aber ich bitte dich, dass du dem Volk noch Folgendes mitteilst: Vor dem Auszug sollt ihr noch zu euren Nachbarn und Freunden in Mizrajim gehen und um silberne und goldene Geräte und Gefäße bitten.«

Das sagte Mosche dem Volk. Und der Ewige richtete es so ein, dass die Leute von Mizrajim den Hebräern im Großen und Ganzen wohlgesonnen waren, auch Mosche war eigentlich hoch angesehen im ganzen Land.

Danach ging Mosche zum Pharao und ließ ihn wissen, was der Ewige gesagt hatte: »Etwa um Mitternacht werde ich durch Mizrajim gehen, und dann werden alle Erstgeborenen in Mizrajim sterben. Angefangen beim Erstgeborenen des Pharao über den Erstgeborenen der Dienerinnen bis zu allen Erstgeborenen beim Vieh – alle sollen sterben. Und dann werden die Leute in Mizrajim jammern, so laut, wie es in ganz Mizrajim noch nie gehört wurde. Nur die Erstgeborenen der Kinder Jisraels werden geschont, damit Ihr erkennt, dass der Ewige einen Unterschied zwischen deinem Volk und meinem Volk macht, und dann werden deine Diener schnell gesprungen kommen und wollen, dass wir endlich gehen.«

Und wutentbrannt verließ Mosche den Pharao.

Aber der Pharao wollte nicht auf ihn hören, denn der Ewige hatte das Herz des Pharao verhärtet. Und deshalb kam, was kommen musste.

Das Pessachfest soll gefeiert werden

12,1

Torah-Lesung zu Schabbat ha-Chodesch

Aber bevor der Ewige sein letztes Wunder vollbringen konnte, musste er die Kinder Jisraels auf die lange Reise vorbereiten. Denn sie sollten ja aus Mizrajim auswandern und lange durch die Wüste reisen. Deshalb sagte er zu Mosche und Aharon: »**Dieser Neumond** ist ein ganz besonderer. Es ist der Monat Nisan, und mit ihm sollt ihr stets beginnen, wenn ihr die Mo-

* **»Dieser Neumond …«:** Mit dieser Mizwa, diesem Gebot, dem ersten, das der ganzen Gemeinde *(eda)* geboten wird, schlägt die Geburtsstunde des Volkes Jisrael. Von nun an ist das Volk gefragt. Denn bislang war es nur Zuschauer, gehandelt haben Aharon, Mosche und der Pharao. Nun aber sind die zukünftigen Bewohner Jisraels am Zuge, sie werden erstmals Subjekt der Geschichte, sie werden ein Volk. Es ist deshalb signifikant, dass Raschi am Anfang des Buches *Bereschit* erklärt, dass die Torah eigentlich genau an der Stelle hätte anfangen sollen, wo es heißt: »Dieser Monat sei euch der erste in der Zählung der Monate. Ein solcher Neumond sei euch zum Zeichen für jeden neuen Monat.« (Ex 12,2) Mit dem Monat Nisan müssen die Jisraeliten zum ersten Mal aktiv werden, ihre Türpfosten mit Blut beschmieren und damit selbst einen Unterschied zu den Leuten aus Mizrajim setzen. Bei den bisherigen Plagenerzählungen wurde der Unterschied nur faktisch gesetzt, ohne dass die Jisraeliten dafür etwas tun mussten.

nate aufzählt. Und in diesem Monat zieht ihr aus Mizrajim aus und beginnt ein neues Leben.

Und an die Gemeinde gebt Folgendes weiter: Am zehnten Nisan soll sich jede Familie ein Lamm nehmen, von den Schafen oder Ziegen, was ihr lieber mögt. Wenn eure Familie zu klein ist, dass sie nicht ein ganzes Lamm zu essen schafft, könnt ihr euch auch mit mehreren Familien zusammentun und gemeinsam eins nehmen. Ein junges Lamm soll es sein. Und untersucht es ganz genau, ob es irgendwo am Körper Fehler hat. Nur wenn das Lamm ganz gesund ist, dürft ihr es schächten.

Ende der Torah-Lesung zu Schabbat ha-Chodesch

Torah-Lesung am ersten Tag Pessach

Bis zum Vierzehnten dieses Monats sollt ihr darauf aufpassen und euch vorbereiten. Jede Familie soll dann ihr Lamm nehmen, das Blut auffangen und es an die Türpfosten schmieren. Und am Abend des 14. Nisan sollt ihr das Lamm am Spieß braten und zusammen mit Mazzot und Maror (Bitterkräutern) essen. Ihr sollt es ganz aufessen. Nichts darf am Morgen von dem Lamm übrig sein.

Es ist aber nicht einfach ein gemütliches Essen zum Abschied: Ihr sollt schon den Mantel anhaben und es hastig essen, weil ihr bald ausziehen werdet. Dieses Essen ist eine Gabe des Vorübergehens, eine **Pessach**-Gabe, denn in dieser Nacht werde ich durch das Land Mizrajim gehen und alle Erstgeborenen erschlagen. Aber dort, wo ich das Blut an den Häusern sehe, werde ich vorübergehen und euch nichts tun.

Und dieser Tag soll euch für immer in Erinnerung bleiben, weil ihr da ausgezogen seid. Immer und immer wieder, jedes Jahr sollt ihr Pessach feiern: Ihr, eure Kinder, Enkel und Urenkel. Ihr sollt sieben Tage Mazzot essen, nichts Gesäuertes *(Chamez)* soll in eurem Haus bleiben. Aber am ersten und am letzten Tag dieses Festes sollt ihr einen Feiertag, einen Chag, haben. Dann sollt ihr euch versammeln, ihr dürft dann auch keine Arbeit tun.

* **Pessach:** Das hebräische Wort »Pessach« geht auf *pasach* zurück, das so viel wie »überschreiten«, »vorübergehen« bedeutet. Damit deutet der Name des Festes direkt auf dieses Vorübergehen des Todesengels hin.

12,25–27

וְהָיָה כִּי תָבֹאוּ אֶל הָאָרֶץ אֲשֶׁר יִתֵּן ה' לָכֶם כַּאֲשֶׁר דִּבֵּר
וּשְׁמַרְתֶּם אֶת הָעֲבֹדָה הַזֹּאת:
וְהָיָה כִּי יֹאמְרוּ אֲלֵיכֶם בְּנֵיכֶם
מָה הָעֲבֹדָה הַזֹּאת לָכֶם:
וַאֲמַרְתֶּם זֶבַח פֶּסַח הוּא לַה'
אֲשֶׁר פָּסַח עַל בָּתֵּי בְּנֵי יִשְׂרָאֵל בְּמִצְרַיִם
בְּנָגְפּוֹ אֶת מִצְרַיִם וְאֶת בָּתֵּינוּ הִצִּיל
וַיִּקֹּד הָעָם וַיִּשְׁתַּחֲווּ:

So sollt ihr das Pessach feiern, wenn ihr in das Land kommt, das ich euch versprochen habe. Und wenn dann eure Kinder fragen: ›Was bedeutet euch dieses Fest?‹, dann sollt ihr antworten: ›Das ist eine Überschreitungsgabe, ein Pessach für den Ewigen, denn er ist in Mizrajim an den Häusern der Jisraeliten vorbeigezogen und hat ihre Erstgeborenen geschont.‹ «

Und so wie es der Ewige gesagt hatte, so machten es die Kinder Jisraels: Sie nahmen sich Schafe, je nach Größe der Familie, sie schächteten das Lamm und fingen das Blut des Lammes auf. Dann tauchten sie ein Büschel in das Blut und beschmierten die Türpfosten und aßen das Lammfleisch zusammen mit ***Mazzot*** *und Maror.*

Die Erstgeborenen werden erschlagen

12,29

Und es war Mitternacht, als der Ewige durch Mizrajim ging und alle Erstgeborenen im Land Mizrajim erschlug, vom Erstgeborenen des Pharao bis zum Erstgeborenen der Gefangenen, aber auch alle Erstgeborenen unter dem Vieh.

* **Mazzot oder Matze:** Mazza ist ungesäuertes Brot, dessen Teig nur sehr kurz mit Wasser vermischt und gleich gebacken wird, damit er nicht gären kann. Es spielt in der Torah immer wieder eine wichtige Rolle; am bekanntesten ist der Zusammenhang mit Pessach. Es gibt eigentlich zwei Begründungen für das Verbot des Gesäuerten. Zum einen ist es eine Anordnung im Rahmen des Festes und liegt im Pessachopfer begründet. Weil die Jisraeliten hier ihr erstes Opfer bringen (ein Lamm schächten), gehört auch das Essen von ungesäuertem Brot dazu. Zum anderen liegt es am Bezug zur Situation des Auszugs: Weil die Jisraeliten nicht mehr genug Zeit hatten, konnte der Teig nicht aufgehen. Dass wir heute Mazzot essen, ist demnach eine geschichtliche Reminiszenz.

Als der Pharao sah, was geschehen war, stand er mitten in der Nacht auf und trieb auch seine Diener und alle Leute aus Mizrajim aus dem Bett, und ein lautes Wehgeschrei begann. Denn es gab kein Haus, in dem es nicht einen Toten gab.

Da ließ der Pharao Mosche und Aharon ausrichten: »Macht euch fort, entfernt euch endlich aus unserem Volk, ihr und eure Leute, aber gebt mir vorher noch einen Segen, dass ich am Leben bleibe!«

Und auch die Leute von Mizrajim bedrängten das Volk und schrien, dass sie endlich gehen sollten. Denn sie hatten Angst, dass sie alle noch sterben würden. Und so mussten sich die Kinder Jisraels sehr beeilen, weshalb der Teig, den sie für ihr Brot angesetzt hatten, noch nicht fertig war. Aber sie nahmen ihn in Backtrögen mit auf die Reise und allerlei Gold und Silber noch dazu.

Und dann brachen die Kinder Jisraels auf

12,37

Die Kinder Jisraels brachen also auf und verließen Mizrajim, nach 430 langen Jahren, und wanderten durch die Wüste. Da die Jisraeliten sehr viele geworden waren, waren es nun viele, die unterwegs waren. Allein 600.000 Männer waren es, und neben ihnen Frauen und Kinder. Aber auch fremdes Volk zog mit ihnen, und natürlich waren auch alle Tiere dabei.

Unterwegs hatten sie endlich Zeit, den Teig, den sie mitgenommen hatten, zu backen. Aber das Brot, das dabei herauskam, war kein gewöhnliches Brot, sondern es war ungesäuert, eine Mazza.

Der Ewige gab Mosche und Aharon genaue Anweisungen mit auf den Weg, wie sie in Zukunft das Pessach zu feiern hatten, und vor allem wer außer den Kindern Jisraels noch an diesem Fest teilhaben durfte.

Ende der Torah-Lesung am ersten Tag Pessach

Torah-Lesung am ersten Zwischenfeiertag zu Pessach

Und während die Kinder Jisraels durch die Wüste wanderten, sprach Mosche zu ihnen: »Nun also habt ihr endlich das Land Mizrajim hinter euch gelassen. Der Ewige hat euch mit seiner starken Hand aus dieser Sklaverei befreit. Ihr habt es selbst gesehen. Deshalb ist es sehr wichtig, dass ihr verschiedene Gebote einhaltet! Erstens müsst ihr wissen, dass alles, was bei euch erstgeboren ist, egal ob beim Menschen oder beim Tier, heilig ist, also ihm gehört. Und zum zweiten müsst ihr immer an diesen Tag denken, solange ihr lebt.

Dieser Tag ist sehr wichtig für euch. Deshalb sollt ihr auch kein normales Brot zu Pessach essen, sondern Mazzot, ungesäuertes Brot. Vergesst diesen Tag nie, auch nicht, wenn ihr später einmal im Land Jisrael angekommen sein werdet, in einem Land, in dem Milch und Honig fließen. Jedes Jahr sollt ihr das Pessachfest feiern und sieben Tage lang Mazzot essen. Und damit ihr euch immer daran erinnern werdet, sollt ihr den Kindern erzählen: ›Damit ich all diese Mizwot einmal einhalten kann, hat mich der Ewige aus Mizrajim herausgebracht.‹ Und weil dich der Ewige aus Mizrajim herausgebracht hat, deshalb sollst du später ein **Zeichen** an deiner Hand und zur Erinnerung am Kopf tragen.

Und denk auch daran, das Gesetz der Erstgeburt einzuhalten. Daran sollst du dich halten, auch wenn du in das Land Knaan kommst. Alles, was zuerst von der Mutter geboren wird, gehört dem Ewigen. Auch der erste Wurf beim Vieh, sofern er männlich ist, gehört dem Ewigen. Aber beim Menschen musst du den erstgeborenen Sohn **auslösen**, damit er bei dir leben kann.

* **Zeichen:** Im Text heißt es zweimal, dass man zur Erinnerung an das Gebot ein Zeichen an der Hand und am Kopf tragen solle. Aus dieser Bemerkung, die später im Buch *Devarim* (S. 48) beim *Schma Jisrael* (Dtn 6,4–9) wiederholt wird, hat sich das Gebot entwickelt, beim Gebet Tfillin zu tragen: Lederkapseln, die mit Riemen an den linken Arm und die linke Hand gebunden und an der Stirn angelegt werden.

* **Auslösen:** Mit dem Auslösen des Erstgeborenen ist eine Zahlung gemeint, die an die Kohanim geht. Es ist auch heute noch üblich, dass die Eltern ihren erstgeborenen Sohn durch einen kleinen Beitrag an einen Kohen »auslösen«.

13,14–16

וְהָיָה כִּי יִשְׁאָלְךָ בִנְךָ מָחָר לֵאמֹר מַה זֹּאת
וְאָמַרְתָּ אֵלָיו בְּחֹזֶק יָד הוֹצִיאָנוּ ה' מִמִּצְרַיִם מִבֵּית עֲבָדִים:
וַיְהִי כִּי הִקְשָׁה פַרְעֹה לְשַׁלְּחֵנוּ וַיַּהֲרֹג ה' כָּל בְּכוֹר בְּאֶרֶץ מִצְרַיִם
מִבְּכֹר אָדָם וְעַד בְּכוֹר בְּהֵמָה
עַל כֵּן אֲנִי זֹבֵחַ לַה' כָּל פֶּטֶר רֶחֶם הַזְּכָרִים
וְכָל בְּכוֹר בָּנַי אֶפְדֶּה:
וְהָיָה לְאוֹת עַל יָדְכָה וּלְטוֹטָפֹת בֵּין עֵינֶיךָ
כִּי בְּחֹזֶק יָד הוֹצִיאָנוּ ה' מִמִּצְרָיִם:

Und wenn dich einmal dein Kind fragt, warum wir das denn machen, so sollst du ihm antworten: ›Mit starker Hand hat uns der Ewige aus dem Sklavenhaus Mizrajim geführt. Und da sich der Pharao weigerte, uns ziehen zu lassen, da erschlug der Ewige die Erstgeborenen aus Mizrajim. Deshalb gebe ich alles Erstgeborene vom Vieh dem Ewigen, denn ihm gehört der Erstgeborene, und den Erstgeborenen unter meinen Söhnen löse ich aus. Denn er gehört eigentlich dem Ewigen. Und das ist zum Zeichen an deiner Hand und als Stirnband zwischen deinen Augen, dass der Ewige uns mit starker Hand aus Mizrajim gebracht hat.‹«

Ende der Torah-Lesung am ersten Zwischenfeiertag zu Pessach

PARASCHAT BESCHALACH – Als er ziehen ließ

Ex 13,17–17,16

Auch aus dieser Parascha werden – neben der normalen Torah-Lesung während des Jahres – einige Texte entnommen, insbesondere für die Pessach-Feiertage. So wird Ex 13,17–15,26 am siebten Tag Pessach gelesen. Das Lied des Mosche, *Schirat ha-Jam,* wird im täglichen Morgengebet rezitiert.

Als Haftara wird zu dieser Parascha Ri 4,4–5,31 gelesen, da in diesem Abschnitt das *Lied der Dvora* rezitiert wird.

Einleitung

Nun ist es soweit: Die Kinder Jisraels sind fast schon frei. Vor ihnen liegt nur noch das Schilfmeer und muss mit G'ttes Hilfe durchquert werden. Was jetzt geschafft ist, ist nicht nur die Erlangung der Freiheit, sondern, damit einhergehend, die endgültige Trennung von einem anderen Volk und damit die »Subjektwerdung« Jisraels.

Daran schließen sich gleich mehrere Geschichten über Jisraels Unzufriedenheit und sein Jammern an. Das Volk ist unzufrieden, weil es aus dem Trott des Alltags herausgerissen ist und erst einmal die neue Realität verarbeiten muss. Denn es handelt sich hier eben nicht um eine Ansammlung von Helden, die wagemutig und zuversichtlich durch die Wüste stapfen, sondern um Menschen, die an dem, was ihnen auferlegt und als Weg vorgegeben ist, zweifeln, manchmal auch verzweifeln. Mosche (und G'tt) sind hin und wieder ungeduldig mit diesem Volk, doch muss man für sie in die Waagschale werfen, dass die Widrigkeiten des Wüstenalltags auch eine besondere Herausforderung darstellen.

Dass das Volk noch sehr unvertraut mit G'tt ist, zeigt sich übrigens auch darin, dass die Gebote, die später die Grundbeziehung zwischen G'tt und Jisrael sein sollen, hier eher zaghaft eingeführt werden. Mosche spricht zunächst einmal ganz allgemein von der Torah und dass es wichtig wäre, sich ihrer anzunehmen. Das erste Gebot, das den Jisraeliten in der Wüste auferlegt wird, ist das Gebot, den Schabbat zu halten. Auch hier zeigt sich, dass das Verhältnis zu G'tt noch eingeübt werden muss. Und der Text selbst macht dies sehr deutlich: Die bisherigen Gebote sind so in Erzähleinheiten eingebettet, als sollte sich nun auch der Leser daran gewöhnen, dass die Formulierung von Geboten ansteht.

G'ttes Tat und Tötung von Menschen: Bereits in dieser Parascha werden wir damit konfrontiert, dass ein Geschehen die Größe G'ttes preist, während andererseits Menschen ums Leben kommen (Tötung der Erstgeborenen, Tod der Ägypter im Schilfmeer). Dieser Zusammenhang ist für uns Heutige meist schwer nachzuvollziehen, da wir das Töten von Menschen allenfalls als Kollateralschaden einer notwendigen Tat akzeptieren, nicht als Grund für eine Feierstunde. Diese Diskrepanz haben bereits die Rabbinen empfunden und im Talmud einen entsprechenden Spruch geprägt, in dem der Ewige den Dienstengeln verbietet, ein Lied anzustimmen, während seine Geschöpfe im Meer ertrinken. Deshalb, so folgert der Talmud, freue sich der Ewige hierüber nicht, lasse aber andere sich darüber freuen, so auch die Kinder Jisraels, die als Betroffene sich freuen durften (vgl. babylon. Talmud, Traktat *Sanhedrin* Fol. 39b). Manche Rabbinen erklären, dass auch wir Nachkommen in der Freude eingeschränkt sind, da wir am 7. und 8. Tag Pessach nur ein eingeschränktes Hallel beten. Grundsätzlich sollte man bedenken, dass wir heute – und zwar noch gar nicht so lange – eine gänzlich andere Vorstellung vom Miteinander oder auch Gegeneinander von Nationen haben, als dies die biblischen Berichte voraussetzen. Insofern blicken wir heute oft mit anderen Augen auf die biblischen Texte und wundern uns, dass sie uns so fremd erscheinen.

Die Wanderung durch die Wüste beginnt

13,17

וַיְהִי בְּשַׁלַּח פַּרְעֹה אֶת הָעָם
וְלֹא נָחָם אֱלֹהִים דֶּרֶךְ אֶרֶץ פְּלִשְׁתִּים כִּי קָרוֹב הוּא
כִּי אָמַר אֱלֹהִים
פֶּן יִנָּחֵם הָעָם בִּרְאֹתָם מִלְחָמָה וְשָׁבוּ מִצְרָיְמָה:
וַיַּסֵּב אֱלֹהִים אֶת הָעָם דֶּרֶךְ הַמִּדְבָּר יַם סוּף
וַיְהִי כָּל נֶפֶשׁ יֹצְאֵי יֶרֶךְ יַעֲקֹב שִׁבְעִים נָפֶשׁ
וַחֲמִשִּׁים עָלוּ בְנֵי יִשְׂרָאֵל מֵאֶרֶץ מִצְרָיִם:

Torah-Lesung am siebten Tag Pessach

Nun also schickte der Pharao die Kinder Jisraels endlich fort aus Mizrajim. Und G'tt führte sie zuerst zur Wüste und von dort zum Schilfmeer. Bei ihrem Aufbruch hatten die Jisraeliten nicht vergessen, die Gebeine Josefs mitzunehmen – getreu dem Versprechen, das sie ihm vor vielen, vielen Jahren gegeben hatten.

So zog das Volk also durch die Wüste. Aber sie wanderten nicht allein. Denn der Ewige war die ganze Zeit bei ihnen und wies ihnen den Weg. Tagsüber geschah dies durch eine **Wolkensäule**, die vor ihnen herwanderte, nachts beleuchtete eine **Feuersäule** den Weg.

* **Die Wolken- und Feuersäule:** Grundprinzip der Erzählung der Torah ist, dass es G'tt ist, der das Volk führt. Er hat es so eingerichtet, dass das Volk freikam, und begleitet es nun bis ins Gelobte Land Knaan. Dass dieses Begleiten bei einer Wanderung durch die Wüste nicht abstrakt bleiben kann, versteht sich von selbst. Deshalb wird hier von einer Wolken- und einer Feuersäule gesprochen, die den Weg weist. Später wird es eine Wolke sein, die sich über dem Begegnungszelt zeigt und das Signal zum Aufbruch gibt. Die Torah versteht dieses »Mitsein G'ttes«, das sich ja schon im Namen G'ttes ausdrückt, sehr konkret.

* **Meerwunder:** Dieser Teil der Erzählung bildet den Höhepunkt des gesamten Plagenzyklus. Denn jetzt erst wird das erreicht, was in den Plagenerzählungen immer wieder nur angedeutet wurde: Die Jisraeliten werden endgültig von Mizrajim getrennt und dadurch zu einem eigenständigen Volk. Deshalb geht der Weg auch zuerst in die Wüste, dorthin also, wo nicht gleich wieder eine andere Zivilisation auf die Jisraeliten eindringt. Der Prophet Hoschea hat diese erste Zeit Jisraels mit G'tt in der Wüste als ungetrübte Verlobungszeit beschrieben. In dieser Vereinzelung erhalten denn auch die Jisraeliten die ersten Gebote, hier das Schabbat-Gebot. Denn durch die Gebote soll das Volk künftig seine Orientierung finden.

* **Schilfmeer:** Die Torah und die übrigen Bücher der Bibel weisen immer wieder auf die Überlieferung vom (Schilf-)Meer *(jam suf)* hin. Bereits bei der Heuschreckenplage findet es eine erste Erwähnung, danach in den Wegbeschreibungen. Wo genau das Schilfmeer zu lokalisieren ist, wissen wir allerdings bis heute nicht: Im *Buch der Könige* wird von den Schiffen Schlomos berichtet, die am Ufer des Schilfmeeres bei Eilat im Land Edom liegen.

Wie die Jisraeliten durchs Meer wandern

14,1

Und der Ewige sagte Mosche sehr genau, wie sie wandern sollten. Nun sagte er ihm, dass sie umkehren und sich in der Nähe des **Schilfmeeres** ausruhen sollten, damit es so aussähe, als hätten sie sich verlaufen. Und dann würde der Ewige es so einrichten, dass der Pharao noch einmal sehr hartherzig werden und sie verfolgen lassen würde. Denn der Ewige hatte noch eine große Sache mit dem Pharao vor, durch die er, der Ewige, berühmt und hochgeachtet werden würde.

Als man also dem Pharao berichtete, dass die Jisraeliten ein Lager aufgeschlagen hätten, da hoffte er, sie noch einmal einholen und zurückbringen zu können. Denn er bereute es schon, dass er seine Arbeiter hatte gehen lassen. Und so ließ er Pferde vor die Wagen spannen und setzte mit 600 Wagenkämpfern den Jisraeliten nach.

Als aber die Jisraeliten sahen, dass die Leute von Mizrajim hinter ihnen herjagten, bekamen sie große Angst. Sie liefen zu Mosche und schrieen: »Weshalb hast du uns hierher geführt? Schau, da kommen die Leute aus Mizrajim, und sie werden uns jetzt alle umbringen, weil du uns hier ausruhen lässt!« Mosche versuchte sie zu beruhigen und betete zum Ewigen.

Aber der Ewige sagte nur: »Jetzt ist nicht die rechte Zeit zu jammern. Brecht auf und wandert zum Meer weiter. Wenn ihr dort angekommen seid, nimmst du deinen Stab und streckst ihn übers Meer aus. Du wirst sehen, was dann passiert. Das Meer wird sich zurückziehen und sich teilen, damit ihr durch das Meer ziehen könnt. Aber habt keine Angst, wenn ihr seht, wie euch der Pharao mit seinen Leuten verfolgen wird. Denn ich bin es, der es so eingerichtet hat, dass er hartherzig bleibt und euch hinterherreitet. So kann ich zeigen, wer der Ewige ist, und wen man immer rühmen soll!«

Bald standen die Jisraeliten vor dem Meer, und Mosche streckte seine Hand über das Meer aus. Im nächsten Moment erhob sich ein starker Ostwind, der das Wasser auseinander-

trieb – so stark, dass der Meeresboden trocknete und das Wasser auf beiden Seiten wie Mauern dastand. Und die Jisraeliten machten sich auf und wanderten durch das Meer.

Ihre Verfolger aus Mizrajim ritten ihnen ohne viel nachzudenken hinterher. Aber die Räder lösten sich von den Wagen, und sie hatten große Mühe, voranzukommen. Da sah der Pharao ein, dass die Jisraeliten nicht mehr einzuholen waren, und sagte nur noch: »Lasst uns flüchten, denn ihr Ewiger kämpft an ihrer Seite, und da können wir nichts mehr tun!«

Da sagte der Ewige zu Mosche: »Streck deine Hand übers Meer. Dann wird alles Wasser zurückströmen und den Pharao und seine Leute überfluten.«

Also streckte Mosche seine Hand über das Meer, und mit einem Mal flutete alles Wasser zurück. Für den Pharao und seine Leute war alles zu spät. Die Wassermassen überschwemmten alle, die noch im Meer waren. Nicht ein Reiter, nicht ein Pferd konnte sich retten.

Und so rettete der Ewige an diesem Tag Jisrael endgültig aus der Hand Mizrajims, und Jisrael sah die große Macht, die der Ewige an Mizrajim ausgeübt hatte. Da fürchtete das Volk den Ewigen und vertraute auf den Ewigen und auf seinen Diener Mosche.

Ein Siegeslied

15,1

אָז יָשִׁיר מֹשֶׁה וּבְנֵי יִשְׂרָאֵל אֶת הַשִּׁירָה הַזֹּאת לַה' וַיֹּאמְרוּ לֵאמֹר
אָשִׁירָה לַה' כִּי גָאֹה גָּאָה
סוּס וְרֹכְבוֹ רָמָה בַיָּם:
עָזִּי וְזִמְרָת יָהּ וַיְהִי לִי לִישׁוּעָה
זֶה אֵלִי וְאַנְוֵהוּ
אֱלֹהֵי אָבִי וַאֲרֹמְמֶנְהוּ:
ה' אִישׁ מִלְחָמָה ה' שְׁמוֹ:

Das *Schirat ha-Jam* ist Teil des täglichen Morgengebets

Als nun die Kinder Jisraels mit Hilfe des Ewigen vor dem Pharao und seinen Leuten gerettet waren, da waren sie so fröhlich, dass Mosche für sie ein schönes **Lied** sang. *Und das Lied ging so:*

Ich singe dem Ewigen,
Ja! Er ist hoch und erhaben.
Ross und Reitergespann warf er ins Meer.
G'tt ist meine Kraft, mein Gesang –
Er wurde mir zur Rettung.
Der ist mein G'tt, ich will ihn loben.
Den G'tt meines Vaters will ich erheben.
Der Ewige ist ein Kriegsmann, sein Name ist der Ewige.
Pharaos Wagen, dessen Heer – er warf sie ins Meer.
Dessen Kämpfer versenkte er im Schilfmeer.
Die Fluten bedeckten sie, wie Steine sanken sie in die Tiefe.
Deine Rechte, o G'tt, so herrlich an Kraft,
deine Rechte, o G'tt, zerschlägt den Feind.
In deiner Erhabenheit reißt du die nieder,
die sich gegen dich wenden.
Du sendest Zorn aus, der alles wie Stroh verbrennt.
Es war dein Hauch, der die Wasser zerstob,
und die Wasser standen wie Mauern da,
sie erstarrten mitten im Meer.
Da sagte der Feind:
Ha! Ich jage nach,
ich hole ein,
ich erbeute sie,
an ihnen kühl ich meinen Mut.
Ich zieh mein Schwert,
ich tilg sie aus.
Aber ein Hauch von dir deckt sie zu,
sie sanken nieder wie Blei in tosendem Wasser.

***Lied:** Poetische Texte gibt es in der Torah immer wieder; in einer so umfangreichen Form wie hier erinnern sie an die Tehillim (Psalmen). Das Lied des Mosche weist noch einmal darauf hin, welch große Tat G'tt hier vollbracht hat, deshalb ist es ein Loblied G'ttes, das zum Ausdruck bringt, was eine reine Erzählung allenfalls andeuten könnte.

15,11

Rezitation vor dem Torah-Ausheben

מִי כָמֹכָה בָּאֵלִם ה'
מִי כָּמֹכָה נֶאְדָּר בַּקֹּדֶשׁ
נוֹרָא תְהִלֹּת עֹשֵׂה פֶלֶא:

Wer ist dir gleich unter den Mächtigen,
wer ist dir gleich, so herrlich an Heiligkeit,
fordert Respekt in Ruhmestaten und Wunderwerken?
Deine Rechte senkte sich,
und schon verschlang sie die Erde.
Du führst dein Volk, das du gerettet hast.
Das hören die Völker rundum,
und sie beben und zittern.
Furchtsam erstarren sie vor Schrecken,
verstummen steinern vor deinem gewaltigen Arm.
Und du bringst dein Volk auf deinen Berg,
bringst es hin zum Heiligtum.

15,18

Häufig zitierte Gebetsformel im G'ttesdienst

ה' יִמְלֹךְ לְעֹלָם וָעֶד:

Der Ewige wird regieren für immer und ewig.

Aber auch die Prophetin Mirjam, die Schwester Mosches, nahm ihre Trommel und sang für die Frauen ein wunderbares Lied. Und alle sangen und tanzten auch zu diesem Lied:

15,21

שִׁירוּ לַה'
כִּי גָאֹה גָּאָה סוּס וְרֹכְבוֹ רָמָה בַיָּם:

Singt dem Ewigen!
Ja! Er ist hoch und erhaben:
Ross und Reitergespann warf er ins Meer.

Die Kinder Jisraels zetern

15,22
Nachdem die Jisraeliten durch das Meer gezogen waren, wanderten sie in der Wüste Schur umher, bis sie vollkommen müde waren. Auch hatten sie kaum noch etwas zu trinken. Erst nach einer langen Reise von drei Tagen kamen sie an eine Wasserstelle, die Mara hieß. Aber das Wasser war ganz bitter, und man konnte es überhaupt nicht trinken.

Das war dem Volk zu viel. Sie liefen zu Mosche und schrien: »Was sollen wir jetzt trinken? Wir werden verdursten!« Aber auch Mosche wusste keinen Rat, weshalb er zum Ewigen betete, um ihn um Hilfe zu bitten. Und tatsächlich: Der Ewige zeigte Mosche ein Stück Holz, ein besonderes Stück Holz. Denn als Mosche es in das bittere Wasser warf, da wurde das Wasser plötzlich ganz süß, und man konnte es trinken. Nun war das Volk zufrieden, und sie löschten erst einmal ihren Durst.

15,26

וַיֹּאמֶר אִם שָׁמוֹעַ תִּשְׁמַע לְקוֹל ה' אֱלֹהֶיךָ
וְהַיָּשָׁר בְּעֵינָיו תַּעֲשֶׂה וְהַאֲזַנְתָּ לְמִצְוֹתָיו
וְשָׁמַרְתָּ כָּל חֻקָּיו
כָּל הַמַּחֲלָה אֲשֶׁר שַׂמְתִּי בְמִצְרַיִם לֹא אָשִׂים עָלֶיךָ
כִּי אֲנִי ה' רֹפְאֶךָ׃

Damit war nun aber auch die Zeit gekommen, in der G'tt von Geboten und Vorschriften sprach: »Wenn du auf den Ewigen, deinen G'tt, hörst und tust, was er von dir verlangt, dann wird es dir nicht so gehen, wie es den Leuten aus Mizrajim ergangen ist: Du wirst all die Krankheiten, die ich über Mizrajim gebracht habe, nicht erleiden. Denn ich, der Ewige, bin der, der dich heilt.«

Ende der Torah-Lesung am siebten Tag Pessach

***Israels Unzufriedenheit:** Der Erzählkomplex von der Wüstenwanderung wird geprägt von den Geschichten, in denen das Volk mit Mosche und Aharon hadert und unzufrieden zetert. Sie stehen in diametralem Gegensatz zu dem stets betonten Beistand G'ttes, der die Geschicke des Volkes lenkt. Warum murrt das Volk, wo es doch so offensichtlich von G'tt geführt wird? Die prophetische Kritik hat hier oft genug betont, dass das störrische Volk der Überwindung dieser Halsstarrigkeit bedarf, um ein g'ttgemäßes Leben zu führen. Die Torah möchte aber damit wohl eher zum Ausdruck bringen, dass es sich hier nicht um Heilige handelt, die in der Wüste wandeln, sondern um ganz normale Menschen mit normalen Ängsten und Nöten. Dass man angesichts der hier geschilderten Herausforderungen verzweifeln kann, ist durchaus nachvollziehbar.

Als sie weiterwanderten, kamen sie nach Elim. Es war ein üppiger und blühender Ort, an dem es zwölf Wasserquellen gab und siebzig Palmen. Da ruhten sie erstmals richtig aus.

Am fünfzehnten Tag des zweiten Monats nach ihrem Auszug brachen sie wieder auf und wanderten weiter. Es ging lange Zeit durch die Wüste. Schließlich ging das Brot, das sie aus Mizrajim mitgebracht hatten, zur Neige, und Hunger machte sich unter dem Volk breit. Die guten Vorsätze waren schnell wieder vergessen, und so rannten sie erneut zu Mosche und Aharon und schrien: »Wären wir nur in Mizrajim geblieben! Da gab es Brot in Hülle und Fülle, wir saßen um Fleischtröge und konnten uns nach Belieben satt essen.«

Und wieder betete Mosche zum Ewigen, denn Mosche konnte ja kein Brot hervorzaubern. Da sagte der Ewige: »Es wird euch an nichts mangeln. Es wird süße Körner regnen, sage ich euch, und ihr werdet satt werden. Jeden Tag könnt ihr die Körner, die vom Himmel fallen, aufsammeln. Nur am sechsten Tag sollt ihr das Doppelte aufsammeln, und am Schabbat, da sollt ihr nichts sammeln. Aber ihr werdet trotzdem genug zu essen haben.«

Und so sagten es Mosche und Aharon den Jisraeliten. Da kam plötzlich eine Wolke vom Himmel, die strahlend war und flirrend leuchtete. Und aus der Wolke heraus kam eine mächtige Stimme. Es war der Ewige, der da zu Mosche sprach: »Ich habe das Schimpfen des Volkes gehört. Aber ihr werdet genug zu essen bekommen, abends Fleisch und morgens Brot. So könnt ihr erkennen, wie mächtig ich bin.«

Und so geschah es: Abends kam ein riesiger Schwarm von Wachteln angeflogen, der sich in ihrer Nähe niederließ. Die Jisraeliten fingen die hühnerartigen Vögel ein und konnten sie am Abend zu einem wunderbaren Schmaus zubereiten. Als sie morgens aufwachten, sahen sie, dass die ganze Wüste mit etwas Körnigem übersät war, und sie sagten zueinander: »Das ist **Man**, etwas, womit man süßes Essen vorbereiten kann!« Denn sie wussten nicht, wie sie es anders nennen sollten. Und Mosche erklärte ihnen, dass dies eine besondere Art von Brot

* **Man:** Das Man (oder auch Manna) sind nach diesem Bericht Körner, die auf dem Boden liegen. Diese bezeichnet Mosche direkt als *lechem*, Brot, obwohl nicht eigens beschrieben wird, dass die Körner zu Brot weiterverarbeitet werden. Nach Raschi weist das hebräische Wort *man* auf die Vorbereitung einer Speise hin.

sei, und dass sie nur so viel sammeln sollten, wie sie für den Tag benötigten. Aber die Jisraeliten hörten schon nicht mehr richtig hin, stürzten sich auf die Körner und sammelten, so viel sie konnten. Aber am andern Morgen war alles, was vom Vortag übrig geblieben war, schlecht geworden, und es war voller Würmer.

Das erste Schabbat-Gebot

16,23

Es war schon fast eine Woche vorüber, und der **Schabbat** rückte näher. Da erklärte Mosche dem Volk, dass am nächsten Tag ein heiliger Ruhetag sei und dass sie schon heute alles für morgen backen und kochen sollten. Denn morgen, am Schabbat, sollten sie das nicht tun. Es würde dieses Mal auch nichts schlecht werden, wenn sie etwas für den Schabbat aufbewahrten. Denn sie sollten morgen auch nichts aufsammeln.

* **Schabbat:** Während die Gebote zu Pessach noch auf ein geschichtliches Ereignis verwiesen haben, ist der Schabbat für die Jisraeliten das erste Gebot, das um seiner selbst willen gegeben wurde. Die Begründungen für den Schabbat liefern erst das erste und zweite Zehnwort, also die *Zehn Gebote*. Hier ist das Schabbat-Gebot noch in den Rahmen einer Erzählung eingebunden, wodurch die Logik der Gebote dem Volk Schritt für Schritt nahegebracht werden konnte.

Und obwohl Mosche das wirklich laut und deutlich gesagt hatte, dass alle es hören konnten, gingen trotzdem einige am Schabbat hinaus, um Körner aufzusammeln. Doch sie fanden diesmal nichts.

Da wurde der Ewige sehr traurig und sagte zu Mosche: »Wie lange wollt ihr euch eigentlich noch widersetzen? Ich gebe euch Regeln, und ihr haltet euch einfach nicht daran.« Und Mosche erklärte dem Volk noch einmal die Schabbat-Regel, und dass jeder zu Hause ausruhen sollte.

Von da an aßen die Kinder Jisraels in der Wüste stets die Körner, die Man genannt wurden. Solange sie in der Wüste waren, machten sie daraus ihre Speisen, und es schmeckte ein bisschen nach Honigkuchen.

Wasser sprudelt aus dem Felsen

17,1

Und sie wanderten weiter und immer weiter. Und wieder einmal ging das Wasser zu Ende. Und sofort schrien die Jisraeliten zu Mosche: »Gib uns Wasser! Wir haben kein Wasser mehr!« Da betete Mosche zum Ewigen: »Was soll ich nur mit diesem Volk machen? Immerzu zetern sie herum und haben überhaupt kein Vertrauen in dich. Und es fehlt nicht viel, da bringen sie mich noch um.«

Da sagte der Ewige zu Mosche: »Geh mit einigen Männern zu einem Felsen, den ich dir zeigen werde. Vergiss deinen Stab nicht. Dann sollst du mit dem Stab auf den Felsen schlagen, und dann wird Wasser daraus hervorsprudeln, sodass ihr alle genügend trinken könnt.«

Und so machten sie es, und sie hatten genügend Wasser für alle. Mosche nannte diesen Ort **Massa und Meriva**, weil es hier war, wo die Kinder Jisraels wieder einmal murrten und zeterten.

Die Kinder Jisraels führen Krieg gegen Amalek

17,8

Kaum hatte sich das alles ereignet, da geschah Folgendes: Die **Amalekiter**, die in der Nähe wohnten, rückten ihnen näher und stellten sich bedrohlich vor ihnen auf. Mosche sah, dass

* **Massa und Meriva:** Die hebräischen Wörter beinhalten *nissa* für »versuchen, auf die Probe stellen« und *riv* »Streit«, wobei die Versuchung darin bestand, dass das Volk G'tt mit der Forderung nach Wasser auf die Probe stellen wollte, ob er wirklich mit dem Volk ist. Solche Etymologien, die einen (Orts-) Namen mit einem Ereignis in Verbindung bringen, gibt es in der Torah häufiger. Eine ähnliche Geschichte mit allerdings bedeutenden Folgen erzählt auch das Buch Num 20,1–3, *Bamidbar,* S. 84 f.

* **Amalek:** Amalek ist das erste Volk, das den Jisraeliten seit der Befreiung aus Mizrajim (feindlich) begegnet. Aber auch hier berichtet die Erzählung nicht davon, dass die Jisraeliten als Helden aus dem Kampf hervorgehen, sondern dass es allein G'tt ist, der den Sieg der Jisraeliten gegen die Amalekiter möglich werden lässt. Interessant an dieser Überlieferung ist vor allem der unerwartete Auftrag an Mosche, alles in einem Buch niederzuschreiben, um die Erinnerung an Amalek auszulöschen. Das ist auf den ersten Blick ein Widerspruch. Denn gerade die jüdische Tradition hat Amalek zum prominentesten Feind Jisraels gemacht, dergestalt, dass auf Amalek alle späteren Feinde zurückgeführt werden (vor allem Haman in der Esther-Geschichte), und dass jedes Jahr vor Pessach an einem besonderen Schabbat (*Schabbat Sachor*) der parallele Text im fünften Buch (Dtn 25,17–19, *Devarim*, S. 110) gelesen wird: Jahr für Jahr. Aber gerade durch diese Instrumentalisierung Amaleks als Feind Jisraels verliert Amalek eine selbstständige und furchteinflößende Bedeutung in der Geschichte. Es erinnert ein bisschen an das laute Singen im Wald: Das regelmäßige Gedenken an ihn besiegt den Angstgegner Amalek.

dieses Volk einen Krieg anzetteln und mit den Jisraeliten kämpfen wollte. Deshalb befahl er Jehoschua: »Such dir die tapfersten Männer aus und versammle sie um dich. Mit ihnen sollst du gegen Amalek kämpfen. Ich dagegen werde dort auf den Hügel gehen und dir in deinem Kampf beistehen.«

Jehoschua versammelte also die tapfersten Männer um sich und machte sich bereit, gegen Amalek zu kämpfen. Mosche dagegen stieg mit Aharon und Chur, dem Sohn Mirjams, den Hügel hinauf und streckte seine Arme in die Höhe. Und immer dann, wenn Mosche die Hände dem Himmel entgegenstreckte, war Jisrael im Kampf stärker. Wenn Mosche aber die Hände wieder fallen ließ, wurde Amalek stärker. Deshalb streckte Mosche die Hände weit nach oben, solange er nur konnte. Aharon und Chur halfen ihm. Sie ließen ihn sitzen und hielten ihm die Arme, damit sie nicht herabsanken, den ganzen Tag, bis die Sonne unterging. So konnten die Kinder Jisraels gegen Amalek den Krieg gewinnen.

17,14

וַיֹּאמֶר ה' אֶל מֹשֶׁה כְּתֹב זֹאת זִכָּרוֹן בַּסֵּפֶר וְשִׂים בְּאָזְנֵי יְהוֹשֻׁעַ
כִּי מָחֹה אֶמְחֶה אֶת זֵכֶר עֲמָלֵק מִתַּחַת הַשָּׁמָיִם:

Als die Jisraeliten gewonnen hatten, sagte der Ewige: »Das alles schreibst du in ein Buch, damit du es ja nie vergisst: Ich werde die Erinnerung an Amalek unter dem Himmel auslöschen!«

Und aus Dankbarkeit baute Mosche noch einen Altar, und er gab ihm sogar einen Namen: »Der Ewige ist mein Wunder!«

PARASCHAT JITRO – Jitro

Ex 18,1–20,26

Neben der Lesung während des Jahreszyklus werden Teile aus dieser Parascha an herausragenden Festen gelesen. So wird der Teil des Zehnwortes (Ex 19,1–20,33) zu Schavuot gelesen, da dieses Fest (Wochenfest) mit der Gabe der Torah in Verbindung gebracht wird. Die Sätze Ex 20,8–11 haben Eingang in den Kiddusch des Schabbat-Tages gefunden.

Als Haftara wird Jes 6,1–7,6 und 9,5–6 gelesen; das ist die zentrale Erscheinung G'ttes auf dem Thron im Buch *Jeschajahu* und wird deshalb mit der Erscheinung G'ttes auf dem Berg Sinai parallelisiert.

Einleitung

Nachdem Mosche in der letzten Parascha nur andeutungsweise von der Torah erzählt und ganz grundsätzlich vom Schabbat-Gebot gesprochen hat, werden in dieser Parascha die wichtigsten Gebote aufgeführt, nämlich die Zehn Worte (auch die *Zehn Gebote* genannt). Betrachtet man das Zehnwort einmal genau, lassen sich die einzelnen Worte in zwei Gruppen einteilen: solche mit unmittelbarem Bezug zu G'tt und solche mit Bezug zu den Mitmenschen. Die ersten Worte sind: das Verbot, andere Götter anzubeten und sich (heilige) Bilder und Statuen zu machen, das Verbot, den Namen G'ttes bei einer Unwahrheit auszusprechen, und das Schabbat-Gebot. Diese Gebote werden mit dem Verweis eingeleitet, dass es schließlich auch der Ewige war, der die Jisraeliten aus Mizrajim herausgeführt hat – was nahelegt, dass die Erfahrung der Befreiung aus Mizrajim und der »Selbstwerdung Jisraels« der Grund für diese Gebote ist beziehungsweise – umgekehrt – die

»Selbstwerdung« durch diese Gebote am Besten zum Ausdruck kommt. Dies entspricht auch der beschriebenen Szenerie: Die Jisraeliten lagern um den Berg herum und warten gespannt, was passiert. Und um diese Spannung noch zu untermauern, verbietet G'tt den Jisraeliten, den Berg zu betreten. Mosche zieht sogar einen Zaun und schafft dadurch einen »heiligen« Raum. Das lenkt die Aufmerksamkeit der Jisraeliten nur umso mehr auf den Berg – und damit auch auf G'tt.

Aber weshalb wird nun ein so wichtiger Abschnitt wie das Zehnwort in einer Parascha erzählt, die mit Jitro ausgerechnet den Namen eines Nichtjuden trägt? Und nicht nur das: Unmittelbar vor diesem wichtigen Abschnitt wird der Rat des Jitro wiedergegeben. Ausgerechnet Jitro, ein Nichtjude, erteilt Ratschläge – und zwar nicht irgendeinem Jisraeliten, sondern Mosche, der ein paar Zeilen weiter das Zehnwort von G'tt in Empfang nehmen wird! Man könnte das natürlich als Zufall interpretieren, oder man erklärt es mit Raschi: »Es gibt kein Früher oder Später in der Torah.« Was so viel bedeutet wie: Die Reihenfolge der erzählten Ereignisse entspricht nicht unbedingt ihrer Chronologie. Möglich wäre aber auch der Gedanke, dass Mosche Richter einsetzt, um Gerichts- und Verwaltungsebenen zu schaffen. Es handelt sich also nicht um eine von G'tt (vor-)gegebene politische Struktur. Jitros Vorschlag betrifft lediglich eine effiziente Verwaltung. Nicht mehr, aber auch nicht weniger! Wie wir Menschen unsere Gesellschaft aufbauen, welche Organisationsstruktur wir ihr geben, hat mit G'tt nichts zu tun, sondern ist eine Frage der Effizienz und der politischen Vernunft und kann daher von jedem Menschen organisiert werden. Anders ist es mit der Grundausrichtung Jisraels: Das, was Jisrael heilig sein soll, kann nur G'tt selbst bestimmen. Hier gibt es keine Mitsprachemöglichkeit.

Jitro kommt zu Mosche

18,1

וַיִּשְׁמַע יִתְרוֹ כֹהֵן מִדְיָן חֹתֵן מֹשֶׁה אֵת כָּל אֲשֶׁר עָשָׂה אֱלֹהִים לְמֹשֶׁה
וּלְיִשְׂרָאֵל עַמּוֹ כִּי הוֹצִיא ה' אֶת יִשְׂרָאֵל מִמִּצְרָיִם:
וַיִּקַּח יִתְרוֹ חֹתֵן מֹשֶׁה אֶת צִפֹּרָה אֵשֶׁת מֹשֶׁה
אַחַר שִׁלּוּחֶיהָ:

Mosche hatte eine Frau, die Zippora hieß, und zwei Kinder, Gerschom und Elieser. Sie lebten aber zurzeit nicht bei Mosche, sondern bei Zipporas Vater, bei **Jitro**. Nachdem Jitro davon gehört hatte, wie die Kinder Jisraels durchs Schilfmeer gezogen waren und gegen Amalek gekämpft hatten, nahm er seine Tochter Zippora und die beiden Enkel Gerschom und Elieser und reiste zu ihnen und zu seinem Schwiegersohn.

Mosche und die Kinder Jisraels waren mitten in der Wüste. Als Jitro in ihre Nähe kam, schickte er einen Boten voraus, um Mosche anzukündigen, dass sie kommen würden. Da freute sich Mosche sehr und ging seiner Familie gleich entgegen. Sie begrüßten sich herzlich und erzählten einander, was sie alles erlebt hatten. Und obwohl Jitro früher einmal nicht an den Ewigen geglaubt hatte, freute er sich doch, dass der Ewige den Kindern Jisraels so geholfen hatte. Und er erkannte, dass der Ewige größer ist als alle anderen Götter. Da wurde ein großes Festessen hergerichtet, und alle aßen gemeinsam.

* **Jitro:** Jitro, der schon zu Beginn des Buches *Schemot* als Schwiegervater Mosches eingeführt wurde, nimmt in dieser Parascha eine wichtige Stellung ein. Denn er gibt Mosche einen Ratschlag, um ihm das Leben als Führungspersönlichkeit zu erleichtern. Das zeigt, dass nicht alles, was Mosche für das Volk G'ttes zu tun hat, als Anweisung von G'tt kommen muss.

Mosche setzt Richter ein

18,13

Aber am andern Tag musste Mosche wieder an die Arbeit gehen. Denn viele Leute kamen zu ihm, weil sie mit jemandem im Streit lagen und Mosche darum bitten wollten, ihren Streit zu schlichten. Und so konnte Mosche nicht lange bei seiner Familie bleiben und sprach von morgens bis abends Recht.

Einmal kam Jitro zu Mosche und schaute zu, wie er die Streitereien der anderen Leute löste. Aber er sah auch, wie Mosche von vielen Menschen bedrängt wurde und gar nicht mehr zum Atmen kam, und sagte es ihm. Aber Mosche erwiderte, er habe keine Wahl. Er müsse doch Recht sprechen, weil die Leute das bräuchten. Da gab Jitro dem Mosche einen Rat: »So reibst du dich nur auf! Du musst das anders machen. Such dir Leute aus, auf die du dich verlassen kannst und von denen du weißt, dass sie ehrlich sind und sich nicht bestechen lassen. Die sollen als Richter die Streitereien der Menschen lösen und Recht sprechen. Du aber hörst dir nur die Rechtsfälle an, die sehr schwierig sind. So musst du nicht die ganze Last allein tragen, und alle werden zufrieden sein. Denn du bist dafür da, das Volk zu belehren, ihm zu sagen, was es tun soll und ihm die Gesetze G'ttes genau zu erklären. Nun geh zu G'tt, und dann wirst du ja sehen, ob das ein guter Vorschlag ist.«

Und Mosche nahm den Vorschlag von Jitro an. Er wählte sich erfahrene, kluge und ehrliche Leute aus und beauftragte sie damit, die Streitereien der Leute zu schlichten.

Als Jitro wieder in seine Heimat zurückreisen wollte, begleitete Mosche ihn noch ein Stück seines Weges und verabschiedete ihn. Und Jitro trat seine Heimreise an.

Am Sinai

19,1

Torah-Lesung zu Schavuot

Nach drei Monaten Wanderung kamen die Kinder Jisraels endlich in die Wüste Sinai. Dort lagerten sie gegenüber der Ostseite des Berges Sinai, der hoch in den Himmel ragte. Während die Leute noch damit beschäftigt waren, die Zelte zu errichten, stieg Mosche den Berg hinauf. Denn dies war der Berg G'ttes, und der Ewige rief Mosche.

Als Mosche oben angekommen war, sagte der Ewige zu Mosche: »Hör dir an, was ich dir zu sagen habe, und gib meine Worte an die Kinder Jisraels weiter. Ihr habt gesehen, wie ich euch aus Mizrajim herausgeführt habe. Wie auf den Flügeln von Adlern, sicher und beschützt, habe ich euch herausgebracht. Und wenn ihr nun auf mich hören und tun werdet, was ich euch sage, dann werde ich aus euch ein ganz besonderes Volk machen, ein heiliges Volk.«

Das alles richtete Mosche dem Volk aus, nachdem er vom Berg herabgestiegen war. Und die Kinder Jisraels hörten sich alles an und sagten: »Alles, was der Ewige will, wollen wir tun.«

Am andern Tag ging Mosche wieder zum Ewigen, und der Ewige sagte ihm: »Ich werde in einer dicken Wolke zu dir kommen, denn ich will, dass das Volk zuhören kann, wenn ich mit dir rede.«

Dann wollte der Ewige, dass sich die Kinder Jisraels vorbereiten sollten. Sie sollten ihre Kleider waschen und sich nach dem dritten Tag bereithalten. Denn der Ewige selbst wollte erscheinen und wichtige Worte sagen. Und Mosche sollte einen Zaun um den Berg ziehen, damit niemand etwa auf die Idee käme, auf den Berg zu klettern, denn das wäre tödlich.

Der Ewige erscheint

19,16

Nach drei Tagen gab es schon am Morgen ein Donnern und ein Blitzen. Schwere, schwarze Wolken umhüllten den Berg, und ein Lärmen war zu hören. Der Schall des Schofars ertönte und schallte über das Lager hinweg. Als das Volk das sah und hörte, erschrak es und zitterte, denn es wusste nicht, was das zu bedeuten hatte. Der Berg war in Rauch gehüllt, sodass niemand bis obenhin schauen konnte. Sie versammelten sich an seinem Fuß und sahen, wie sich riesige Feuerflammen darauf niederließen. Es war der Ewige, der auf dem Gipfel des Berges **erschienen war.** Die Töne des Schofar wurden immer länger und lauter, bis Mosche auf den Berg hinaufgerufen wurde.

Kaum war er oben, musste er nochmals hinabsteigen, um den Kindern Jisraels einzuschärfen, dass sie auf keinen Fall über den Zaun klettern und auf den Berg steigen durften. Nicht einmal die besonderen Männer, die Kohanim, durften das tun. Nur Mosche und Aharon wurden auf den Berg gerufen.

Das Zehnwort

20,1–7

וַיְדַבֵּר אֱלֹהִים אֵת כָּל הַדְּבָרִים הָאֵלֶּה לֵאמֹר:
אָנֹכִי ה' אֱלֹהֶיךָ אֲשֶׁר הוֹצֵאתִיךָ מֵאֶרֶץ מִצְרַיִם מִבֵּית עֲבָדִים:
לֹא יִהְיֶה לְךָ אֱלֹהִים אֲחֵרִים עַל פָּנָי:
לֹא תַעֲשֶׂה לְךָ פֶסֶל וְכָל תְּמוּנָה אֲשֶׁר בַּשָּׁמַיִם מִמַּעַל
וַאֲשֶׁר בָּאָרֶץ מִתַּחַת וַאֲשֶׁר בַּמַּיִם מִתַּחַת לָאָרֶץ:
לֹא תִשְׁתַּחֲוֶה לָהֶם וְלֹא תָעָבְדֵם כִּי אָנֹכִי ה' אֱלֹהֶיךָ אֵל קַנָּא
פֹּקֵד עֲוֹן אָבוֹת עַל בָּנִים עַל שִׁלֵּשִׁים וְעַל רִבֵּעִים לְשֹׂנְאָי:
וְעֹשֶׂה חֶסֶד לַאֲלָפִים לְאֹהֲבַי וּלְשֹׁמְרֵי מִצְוֹתָי:
לֹא תִשָּׂא אֶת שֵׁם ה' אֱלֹהֶיךָ לַשָּׁוְא
כִּי לֹא יְנַקֶּה ה' אֵת אֲשֶׁר יִשָּׂא אֶת שְׁמוֹ לַשָּׁוְא:

Dann sagte G'tt all die Worte:

»Ich bin der Ewige, dein G'tt. Ich habe dich aus Mizrajim geführt, in dem du gefangen warst.

Deshalb sollst du keinen anderen Göttergestalten nachlaufen. Ich möchte auch nicht, dass du dir Götterbilder machst und sie anbetest. Denn ich bin euer G'tt und kein anderer. Du sollst keinem anderen dienen, und du sollst dich auch vor keinem anderen niederwerfen. Alles, was ihr tut, behalte ich in meinem Gedächtnis. Alles Schlechte, das ihr tut, behalte ich lange im Gedächtnis und werde euch und eure Kinder und Enkel bestrafen. Aber alles Gute, das ihr tut, behalte ich noch viel länger im Gedächtnis und werde euch und eure Kinder, eure Enkel, Urenkel und Ururenkel noch belohnen.

* **Erscheinung G'ttes:** Anders als bei den Stammelterngeschichten wird hier das Erscheinen G'ttes als ein herausragender Moment mit imposanten Naturereignissen geschildert. Weshalb ändert sich dies? Die Stammeltern waren Einzelpersonen und im Hinblick auf G'tt ohnehin herausgehobene Persönlichkeiten. Aber hier erscheint G'tt vor einem ganzen Volk, also auch vor ganz »normalen« Menschen. Um sich dennoch diesen Menschen zu zeigen, muss zwischen G'tt und Mensch ein sehr deutlicher Unterschied gemacht werden. Das Erscheinen kann demnach nicht mehr wie selbstverständlich erzählt werden, sondern muss ein herausragendes Ereignis sein, das die Menschen, auch in einer großen Gruppe, überwältigt. Das ist auch der Grund für den Zaun, der um den Berg gezogen wird: Er trennt den g'ttlichen und menschlichen Bereich, jede Vermischung soll ausgeschlossen werden. Allein Mosche hat als Mittler zwischen G'tt und Mensch eine besondere Stellung inne.

* **Das Zehnwort** *(Aseret ha-Dibbrot / Aseret ha-Devarim).* Das Judentum spricht hier von ›zehn Worten‹ und nicht von ›zehn Geboten‹. Der Begriff stammt aus Ex 34,28; Dtn 4,13 und 10,4. Die jüdische Tradition kennt allerdings durchaus unterschiedliche Zählungen der einzelnen Worte. Das Zehnwort ist auch über Judentum und Christentum hinaus oft als Fundament der Ethik verstanden worden.

אנכי
יהוה

Du sollst den Namen G'ttes achten und ihn nicht bei einer Unwahrheit nennen.

20,8–11

Teil des Kiddusch am Schabbat-Tag

זָכוֹר אֶת יוֹם הַשַּׁבָּת לְקַדְּשׁוֹ:
שֵׁשֶׁת יָמִים תַּעֲבֹד וְעָשִׂיתָ כָּל מְלַאכְתֶּךָ:
וְיוֹם הַשְּׁבִיעִי שַׁבָּת לַה' אֱלֹהֶיךָ לֹא תַעֲשֶׂה כָל מְלָאכָה
אַתָּה וּבִנְךָ וּבִתֶּךָ עַבְדְּךָ וַאֲמָתְךָ וּבְהֶמְתֶּךָ וְגֵרְךָ אֲשֶׁר בִּשְׁעָרֶיךָ:
כִּי שֵׁשֶׁת יָמִים עָשָׂה ה' אֶת הַשָּׁמַיִם וְאֶת הָאָרֶץ אֶת הַיָּם
וְאֶת כָּל אֲשֶׁר בָּם וַיָּנַח בַּיּוֹם הַשְּׁבִיעִי
עַל כֵּן בֵּרַךְ ה' אֶת יוֹם הַשַּׁבָּת וַיְקַדְּשֵׁהוּ:

* **Schabbat:** Wieder wird der Schabbat hervorgehoben, aber dieses Mal wird er in Beziehung mit der Erschaffung der Welt gebracht. Deshalb lässt sich das Schabbat-Gebot auch nur von G'tt her begründen. Dieser Text misst dem Schabbat auch mit seiner zentralen Stellung im Zehnwort große Bedeutung bei.

Denk an den **Schabbat**, damit du den Tag heilig hältst. Sechs Tage darfst du deiner Arbeit nachgehen, aber der siebte Tag ist Schabbat für den Ewigen, deinen G'tt. Da sollst du keine Arbeit tun, und nicht nur du, sondern auch dein Sohn und deine Tochter, dein Diener, deine Dienerin und selbst dein Vieh nicht. Sogar jemand, der von außen zu Besuch kommt und vorübergehend bei dir wohnt, soll nicht arbeiten. Denn in sechs Tagen hat der Ewige den Himmel und die Erde und das Meer und alles, was darin ist, geschaffen. Aber am siebten Tag hat er geruht. Und deshalb hat der Ewige diesen Tag, den Schabbat, gesegnet und ihn geheiligt.

20,12–14

כַּבֵּד אֶת אָבִיךָ וְאֶת אִמֶּךָ לְמַעַן יַאֲרִכוּן יָמֶיךָ עַל הָאֲדָמָה
אֲשֶׁר ה' אֱלֹהֶיךָ נֹתֵן לָךְ:
לֹא תִּרְצָח: לֹא תִּנְאָף: לֹא תִּגְנֹב: לֹא תַעֲנֶה בְרֵעֲךָ עֵד שָׁקֶר:
לֹא תַחְמֹד בֵּית רֵעֶךָ לֹא תַחְמֹד אֵשֶׁת רֵעֶךָ
וְעַבְדּוֹ וַאֲמָתוֹ וְשׁוֹרוֹ וַחֲמֹרוֹ וְכֹל אֲשֶׁר לְרֵעֶךָ:

Du sollst deinen Vater und deine Mutter achten. Dann wirst du lange in dem Land leben können, das der Ewige, dein G'tt, dir geben wird.

Du sollst niemanden ermorden.

Du sollst dich nicht zwischen Eheleute drängen.

Du sollst niemandem etwas stehlen.

Du sollst keine falschen Geschichten über andere erzählen.

Du sollst nicht neidisch sein auf das, was anderen gehört. Du sollst nicht die **Frau** eines anderen wollen. Überhaupt sollst du nichts wollen, was anderen gehört.«

Und das ganze Volk sah das Donnern und Blitzen, hörte die Töne des Schofar und sah den rauchenden Berg. Und noch immer hatten sie Angst und zitterten.

Sie hielten Abstand zum Berg und baten Mosche, mit G'tt zu reden. Sie selbst wollten das nicht tun, solche Angst hatten sie. Also ging Mosche hoch, in die dunkle Wolke hinein.

Da sprach der Ewige nochmals mit Mosche. Und er sagte zu ihm: »Das sollst du den Kindern Jisraels sagen: ›Jetzt habt ihr selbst gesehen, wie ich zu euch spreche. Aber versucht nicht, irgendetwas nachzumachen, was bei mir im Himmel ist. Ihr dürft euch keine silbernen oder goldenen Göttergestalten machen.‹ Du darfst nur **Altäre** bauen, die mit der Erde verbunden und mit Erde gefüllt sind und neben denen du für mich Tiere schächten kannst. Aber du sollst sie nur an dem Platz errichten, wo ich es dir später einmal sagen werde. Nur dort dürft ihr Altäre bauen. Und dann sollst du die Altäre auch so bauen, dass du nur unbehauene Steine dazu nimmst. Aber denk daran, dass immer nur ein flacher Aufgang auf den Altar führen soll und nicht etwa eine Treppe!«

Ende der Torah-Lesung zu Schavuot

* **Frau:** Dass die Ehefrau im Zehnwort (aber nicht nur dort) wie andere Dinge, die »man« besitzen kann und auf die ein anderer neidisch werden kann, behandelt wird, ist der rechtlichen Vorstellung geschuldet, aus der heraus dieser Text formuliert ist: Die Torah geht grundsätzlich von der Verschiedenheit (und nicht von der Gleichheit) der Geschlechter aus, weshalb auch Mann und Frau verschieden betrachtet werden. Wir erinnern uns: Der Schöpfungsbericht hatte die Ausdifferenzierung der Welt, auch die Ausdifferenzierung in verschiedene Geschlechter, hervorgehoben. Dies hat Auswirkungen auf die rechtliche Stellung der Geschlechter und ihre kulturellen Rollen. Wie man mit deren Ungleichheit heute umgeht, ist innerhalb des Judentums sicher umstritten. Gleichwohl sollte man Texte wie die der Torah nicht voreilig einebnen und unseren eigenen Vorstellungen anpassen.

* **Altar:** Der Altar wird an einer sehr exponierten Stelle erwähnt, auch dort, wo man ihn nicht erwarten würde. Schließlich werden die verschiedenen Gegenstände des Heiligtums erst später beschrieben. Weshalb also hier? Der Altar ist hier wohl als symbolisches Gegenstück zum Himmel gedacht: Er soll mit der Erde verbunden und mit Erde gefüllt sein, vielleicht auch deshalb, um den Gegensatz zwischen g'ttlichem und menschlichem Bereich zu unterstreichen: Ein Tisch, neben dem Tiere geschächtet und auf dem Fleischstücke aufgeschichtet und verbrannt werden sollen, passt nicht zur himmlischen Sphäre. Hier wird ein Volk »geerdet«, damit es sich nicht selbst überschätzt, nur weil es gesehen hat, wie G'tt mit Mosche vor ihm geredet hat.

PARASCHAT MISCHPATIM – Vorschriften

Ex 21,1–24,18

Neben dem normalen synagogalen Lesezyklus wird aus dieser Parascha Ex 22,24–23,19 zum zweiten Tag *Chol ha-Moed Pessach*, am zweiten Zwischenfeiertag von Pessach, gelesen, ein Abschnitt, der vor allem soziale Gesetze beinhaltet und mit den *Schalosch Regalim* (den drei Pilgerfesten) endet.

Als Haftara wird Jer 34,8–22 und 33,25–26 gelesen; das gemeinsame Thema ist hierbei die Behandlung von Sklaven.

Einleitung

Dies ist nun die erste Parascha, die nahezu ausschließlich Vorschriften enthält. Lediglich die Erzählung von dem am Berg Sinai geschlossenen Bund zwischen G'tt und dem Volk, dem Bundesschluss, nimmt noch den erzählerischen Faden der letzten Paraschijot auf und bringt einen ersten Abschluss vom Auszug und den Beginn der Wüstenwanderung.

Bei den Vorschriften handelt es sich um eine ganze Bandbreite verschiedener Gesetze, beginnend bei einer gerechten Rechtssprechung über Morddelikte bis hin zu Vorschriften für Schabbat und Festtage. Dabei sind uns einige Vorschriften sehr vertraut und bestätigen unser eigenes Rechtsempfinden (z. B. die Gebote zur Gerechtigkeit), andere dagegen sind uns heute sehr fremd oder stehen unserem Rechtsempfinden unmittelbar entgegen (z. B. die Verhängung der Todesstrafe, der Umgang mit anderen Völkern, mit Knechten oder »Zauberern«). Das darf jedoch nicht weiter verwundern, da die Zeit, in der diese Vorschriften erlassen worden sind, eine völlig andere war. Man kann diese Gebote nicht aus ihrem kulturellen Rahmen herauslösen. Das wird gerade in dieser Parascha und den beiden vorangegangenen Texten deutlich. Dort haben wir bereits darauf hingewiesen, dass die Vorschriften nicht einfach erlassen, sondern vorsichtig eingeführt werden. Sie werden zunächst in die Erzählungen eingebettet, so als würde man langsam darauf hinführen wollen, dass nun nicht mehr erzählt wird, sondern der eigentliche Inhalt der Torah Vorschriften sind.

Die nächste Frage, die sich diesbezüglich vielleicht stellt, ist, warum die Parascha ausgerechnet mit den Vorschriften um die Knechtschaft beginnt. Wenn wir die erzählerische Ebene ernst nehmen, dann sollte es für ein gerade befreites Volk mitten in der Wüste eigentlich Wichtigeres geben als die Knechtschaft, die jemand aus Not eingehen muss. Aber gerade hier liegt der Anknüpfungspunkt: Die Jisraeliten kommen aus der Knechtschaft und sind jetzt befreit. Abhängigkeitsverhältnisse, das macht der Text von vornherein deutlich, sind deshalb nicht Vergangenheit, und wirtschaftliche Notsituationen sind Realität. Dennoch hat sich etwas Wesentliches geändert: Die Knechtschaft ist nur ein wirtschaftlicher Faktor und deshalb immer wieder zeitlich begrenzt. Die Knechtschaft ist keine Unterdrückung mehr, keine Selbstaufgabe durch die Unterwerfung unter ein anderes Regime. Denn der jisraelitische Knecht bleibt ein Jisraelit und damit immer auch auf die Freiheit hin ausgerichtet. Deshalb sagt Raschi, dass selbst derjenige, der überhaupt nicht frei sein möchte, spätestens mit dem Joveljahr, also nach neunundvierzig Jahren, befreit wird (ob er will oder nicht!).

Diese »Didaktik« der Mizwot, die wir in der Torah vorfinden können, scheint ein Bindeglied zwischen den Mizwot und den ersten Empfängern der Mizwot herstellen zu wollen. Da wir heute aber in einem anderen kulturellen Rahmen leben, sehen wir darin lediglich einzelne Vorschriften, die mit unserer Vorstellungswelt nicht immer in Übereinstimmung zu bringen sind. Hin und wieder fällt es schwer, sie zu verstehen oder sich ihnen zu nähern. Gleichwohl wollen wir hier nicht den Fehler begehen und alle Vorschriften, die nicht mehr zeitgemäß erscheinen, aus Rücksicht auf unsere Kinder eliminieren. Zum einen, weil uns das Urteil darüber, was nicht mehr zeitgemäß ist, nicht zusteht, zum anderen, weil auch Kinder ein Empfinden für alte Texte entwickeln können und dabei lernen müssen, dass die Welt nicht immer so war, wie sie es heute gewohnt sind.

Kasuistische Rechtssätze: In diesen Regeln wird festgesetzt, welche rechtlichen Konsequenzen eine Straftat oder eine Nachlässigkeit, die anderen schadet, nach sich zieht: ›Wenn …, dann …‹

Apodiktische Rechtssätze: Diese Regeln kennen kein Wenn und Aber. In der Torah findet man sie erstmals im Zehnwort. Sie gelten unumstößlich bei Geboten wie bei Verboten und umfassen sowohl zivilrechtliche Bestimmungen (Verbot, zu töten oder zu stehlen) als auch Bestimmungen, die G'tt betreffen (Erstgeburt).

Mord und Totschlag: Schon die Torah macht hier einen Unterschied, der sich noch im heutigen Recht wiederfindet, und zwar zwischen absichtlichem oder sogar hinterlistigem Morden und einem versehentlichen Totschlag. Beides wird dementsprechend unterschiedlich bestraft. Anders als die heutigen europäischen Rechtssysteme kennt die Torah noch die Todesstrafe. Und zwar nicht, um den Rachegelüsten der Menschen Rechnung zu tragen, sondern um dem Umstand zu begegnen, dass »Blut vergossen« wurde – etwas, das grundsätzlich nicht passieren darf und Wiedergutmachung verlangt. Besonders unangemessen erscheint die Todesstrafe als Reaktion auf das Schlagen und üble Beschimpfen (Verfluchen) der Eltern. Abgesehen davon, dass bereits die Rabbinen diese Strafe faktisch unmöglich gemacht haben, betont der biblische Text das enge Band zwischen Eltern und Kindern. Hier geht es um eine Beziehung, die nicht hinterfragt werden darf, weil es die Eltern sind, die die Zugehörigkeit zu den Jisraeliten weitergeben.

Schadensersatz: Die Torah betont beim Schadensersatz das Verursacherprinzip: Derjenige, der für einen Schaden verantwortlich ist, muss dafür auch aufkommen. Dabei ist der Schadensbegriff durchaus weit gefasst: Wird jemand bei einer Schlägerei verletzt, zählen auch die Kosten für die Genesung oder der ausgefallene Arbeitslohn dazu. Damit wird ein verantwortliches Handeln des Einzelnen eingefordert.

Diebstahl: Aus dem Bisherigen ist bereits klar geworden, dass ein Dieb das Gestohlene zurückgeben bzw. ersetzen muss. Allerdings geht es bei Diebstahl aber nicht allein um den Ersatz, sondern zusätzlich um eine Strafe. Der Dieb muss mehr geben, als er genommen hat. Auch trägt er selbst die Verantwortung dafür, wenn er *in flagranti* erwischt und dabei erschlagen wird. In einem solchen Fall trifft den Täter keine Schuld. Die Torah geht also sehr differenziert mit den einzelnen Fällen um. Im Zentrum steht der Gedanke, dass jeder, der einen Schaden davongetragen hat, so weit wie möglich entschädigt werden soll.

Wenn man einen Knecht haben will

21,1

וְאֵלֶּה הַמִּשְׁפָּטִים אֲשֶׁר תָּשִׂים לִפְנֵיהֶם׃
כִּי תִקְנֶה עֶבֶד עִבְרִי שֵׁשׁ שָׁנִים יַעֲבֹד
וּבַשְּׁבִעִת יֵצֵא לַחָפְשִׁי חִנָּם׃
אִם בְּגַפּוֹ יָבֹא בְּגַפּוֹ יֵצֵא
אִם בַּעַל אִשָּׁה הוּא וְיָצְאָה אִשְׁתּוֹ עִמּוֹ׃

Dann gab der Ewige dem Mosche viele Regeln, die die Jisraeliten einhalten sollten. Und der Ewige sagte zu Mosche:

»Es kann geschehen, dass einer der Euren arm wird. Dann kann er sich an jemand anderen verkaufen, damit er noch zu leben hat. Dann darfst du einen solchen jisraelitischen **Knecht** kaufen und bei dir arbeiten lassen. Aber weil er ein Jisraelit ist, darf er bei dir nicht für immer Knecht sein. Du sollst ihn nicht länger als sechs Jahre behalten, im siebten Jahr musst du ihn wieder freilassen.

Hast du aber einen Knecht gekauft, der eine jisraelitische Frau hat, so sollst du auch für seine Familie sorgen. Und die Frau sollst du, genau wie den Knecht, im siebten Jahr wieder freigeben. Wenn du aber dem Knecht eine nichtjisraelitische Frau gegeben hast, dann musst du nur den Knecht entlassen, während dessen Frau und seine Kinder bei dir bleiben können.

Wenn der Knecht aber bei dir bleiben möchte, weil er seine Familie liebt, dann musst du mit ihm zum Richter gehen, und der macht an das Ohr des Knechtes ein besonderes Zeichen. Dann kann er bei dir weiter dienen, aber nur bis zum nächsten ***Joveljahr****.*

* **Der Knecht:** Dieser Text setzt ganz pragmatisch voraus, dass ein Jisraelit verarmen kann. Da die antike Gesellschaft kein Sozialsystem hatte, wie wir es heute kennen, musste man für diesen Fall andere Lösungen finden. Die einzig mögliche finanzielle Absicherung bestand darin, sich selbst in Lohnsklaverei zu verkaufen oder, wie man es heute ausdrücken würde: seine Arbeitskraft anzubieten. Allerdings wurde damit auch ein Besitzverhältnis begründet, was die Sachlage komplizierter werden ließ, da die Grundidee der Torah darin besteht, dass die Jisraeliten frei sind (sie sind gerade auf dem Weg in die Freiheit!). Deshalb ist vorgesehen, dass der Knecht nach sechs Jahren wieder freigelassen wird – eine Regel, die später mit der Vorschrift des Schabbatjahres noch einmal aufgegriffen wird.

* **Joveljahr:** Nach sieben Schabbatjahren folgt im 50. Jahr das Joveljahr, in dem das gepachtete Land in Israel wieder an den ursprünglichen Besitzer zurückfällt. Auf dieses Wort geht die Redewendung »alle Jubeljahre« als Bezeichnung eines langen Zeitraums zurück.

Nun kommt es auch vor, dass ein Vater seine kleine Tochter aus Not verkauft. Dann kann es sein, dass derjenige, der diese Tochter gekauft hat, dies tut, um diese Tochter zur **Frau** *zu nehmen. Und wenn es dann vorkommt, dass der Herr, der diese Tochter gekauft hat, sie nicht mehr mag, dann darf er sie nicht einfach an irgendjemanden anderen weiterverkaufen, denn schließlich hatte er sie gekauft, um sie zur Frau zu nehmen.*

Wenn dieser Mensch nun aber zu der Tochter, die er erworben hat, noch eine zweite Magd zur Frau nimmt, dann darf er seine erste Frau nicht vernachlässigen. Er muss sie bekleiden, ernähren und auch mit ihr schlafen.

* **Frau:** Sobald eine versklavte Frau von ihrem Herrn geheiratet wird, ist sie eine Freie und keine Sklavin mehr. Deshalb darf sie nicht weiterverkauft werden; auch hat sie als Frau dem Mann gegenüber die üblichen Rechte – Bekleidung, Ernährung, Beischlaf – die ihr auch dann nicht abhanden kommen, wenn der Mann eine zweite Frau heiratet (Polygamie war die normale Sozialstruktur!).

Wenn ein Mensch getötet wurde

21,12

Wenn jemand einen anderen Menschen, ob groß oder klein, so sehr schlägt, dass er daran stirbt, dann soll dieser Mensch ebenfalls sterben. Denn er hat Blut vergossen. Hat er ihn aber ohne es zu wollen und also aus Versehen getötet, dann wird er nicht getötet, sondern muss an einen bestimmten Ort, an den **Altar**, flüchten, damit er nicht getötet wird. Denn es könnte immer sein, dass ein Verwandter des Getöteten hinter ihm her ist, um sein Leben zu fordern. Wer aber mit Absicht getötet hat, der darf nicht am Altar Zuflucht suchen. Der soll selbst getötet werden.

Wer einen Menschen entführt, ganz egal aus welchem Grund, muss dafür getötet werden.

Wer seinen Vater oder seine Mutter schlägt, muss zur Strafe ebenfalls getötet werden. Das gilt auch, wenn einer seine Mutter oder seinen Vater aufs Übelste beschimpft. Auch dann muss er getötet werden.

* **Altar:** An den Altar flüchtet sich derjenige, der einen anderen ohne Vorsatz und ohne böse Absicht erschlagen und dadurch die Vollstreckung der Todesstrafe an sich zu befürchten hat (vgl. später Num 35,12 und Dtn 4,42). Da der Vollzug der Todesstrafe ja nicht von neutralen Amtspersonen vorgenommen wurde, sondern von den Angehörigen des Getöteten, konnte es leicht vorkommen, dass die trauernden Verwandten eine Todesstrafe vollziehen wollten, obwohl der Totschläger nur aus Versehen getötet hatte und deshalb nicht mit der Todesstrafe bestraft werden durfte. Um eine solche versehentliche Strafe zu vermeiden, gab es besondere Orte, an denen man vor einer Todesstrafe Schutz suchen konnte. Das Buch *Bamidbar* wird später die Einrichtung von Zufluchtsstädten vorschreiben.

Wenn ein Mensch verletzt wurde

21,18

Angenommen, zwei Männer streiten sich. Und dabei passiert es, dass der eine den anderen so sehr schlägt, dass dieser schwer verletzt wird und daraufhin das Bett hüten muss. Dann muss der Schläger für ihn sorgen. Zum Beispiel muss er ihm den Arzt bezahlen. Oder er muss ihm den Lohn ersetzen, so lange, bis er gesund ist und wieder arbeiten kann. Denn wenn jemand nicht arbeiten kann, dann verdient er nichts.

Angenommen, zwei Männer streiten sich. Und es passiert dabei, dass sie eine schwangere Frau so sehr stoßen, dass ihr ungeborenes Baby stirbt. Dann müssen die Männer so viel Geld bezahlen, wie die Eltern des Babys von ihnen verlangen. Wenn bei der Schlägerei aber nicht nur das Baby gestorben ist, sondern mehr Schaden angerichtet wurde, so müssen die Männer für jeden entstandenen Schaden aufkommen. Es gilt die Regel: Leben für Leben, **Auge für Auge**, Zahn für Zahn, Hand für Hand, Fuß für Fuß, Wunde für Wunde, Beule für Beule. Derjenige, dem Schaden zugefügt worden ist, muss den gesamten Schaden ersetzt bekommen.

* **Auge um Auge:** Es ist das berühmteste und meistverkannte Gesetz der Torah, denn dabei geht es keineswegs um Vergeltung durch Körperverstümmelung, sondern um finanzielle Kompensation für den körperlichen Schaden. Es bezeichnet das Prinzip des Schadenersatzes.

Angenommen, ein Ochse verletzt einen Menschen, ob groß oder klein, so stark, dass der Mensch daran stirbt, dann muss der Ochse getötet werden. Das Fleisch des Ochsen darf aber nicht gegessen werden. Der Eigentümer des Ochsen kann hingegen nichts dafür, und ihn trifft keine Schuld. Nur wenn der Eigentümer wusste, dass der Ochse gerne ausschlägt, dann ist auch der Eigentümer an einem solchen Vorfall schuld und muss dafür mit dem Leben bezahlen oder eine Entschädigung leisten.

Angenommen, jemand hat eine tiefe Grube gegraben und hat vergessen, sie abzudecken. Ein Ochse oder ein Esel kommt daher, sieht die Grube nicht, fällt hinein und stirbt daran. Dann muss derjenige, der die Grube gegraben hat, das Tier ersetzen.

Wenn gestohlen wurde

21,37

Angenommen, jemand geht hin und stiehlt einen Ochsen oder ein Lamm. Dann muss er es ersetzen. Hat er das Tier schon geschlachtet oder verkauft, dann muss er für das geschlachtete Tier Ersatz leisten: für ein gestohlenes Rind fünf Rinder, für ein gestohlenes Schaf vier Schafe.

Angenommen, ein Dieb bricht in ein Haus ein, wird dabei erwischt und bei einer Schlägerei totgeschlagen. Dann trifft denjenigen, der den Dieb erschlagen hat, keine Schuld. Angenommen, der Dieb hat ein Tier gestohlen, zum Beispiel einen Ochsen, einen Esel oder ein Lamm, und man findet es lebend bei ihm, dann muss der Dieb den Diebstahl doppelt ersetzen. Er muss also, wenn er einen Ochsen gestohlen hat, zwei Ochsen zurückgeben.

Angenommen, jemand macht ein Feuer, und das Feuer wird immer größer und verbrennt Getreidegarben auf einem fremden Feld. Dann ist der dafür verantwortlich, der das Feuer verursacht hat, und er muss den Schaden ersetzen.

Angenommen, jemand überlässt einem anderen Geld oder irgendwelche Geräte, damit dieser sie aufbewahren und auf sie aufpassen soll. Aber die Sachen werden aus dem Haus gestohlen. Wird dann der Dieb entdeckt, muss der Dieb die Sachen, die er gestohlen hat, doppelt ersetzen. Wird er aber nicht erwischt, dann muss derjenige, der die Sachen aufbewahrt hat, zum ***Richter*** *hingehen und vor ihm aussagen, dass er die Sachen nicht selbst gestohlen hat. (Es könnte ja sein, dass er nur gesagt hat, dass die Sachen gestohlen wurden.) Und so, wie der Richter entscheidet, soll danach gehandelt werden.*

* **Richter:** Grundsätzlich werden solche zivilrechtlichen Angelegenheiten untereinander geregelt. Ist aber die Sachlage unentschieden (das verwahrte Gut wird gestohlen, der Dieb nicht gefasst), so muss ein Richter entscheiden. Das Gericht setzt sich aus freien Männern zusammen, die sich immer dann am Stadttor treffen, wenn es etwas zu entscheiden gibt.

Was noch zu beachten ist

22,15

Angenommen, eine junge Frau, die noch keinen Mann hatte, wird von einem Mann verführt und beide schlafen miteinander. Dann soll dieser Mann dem Vater einen bestimmten Betrag zahlen, der als Brautgeld üblich ist, und die Frau soll als seine Frau gelten. Ist allerdings der Vater der jungen Frau nicht damit einverstanden, dass die beiden heiraten, dann soll der Mann trotzdem einen bestimmten Betrag bezahlen.

Ein Zauberer oder eine Zauberin soll nicht am Leben bleiben.

Wer sich zu einem Tier legt, der soll getötet werden.

Wer den anderen Göttern so dient, wie man am Heiligtum dem Ewigen dient, der soll nicht mehr zu den Kindern Jisraels gehören.

Einen Fremden sollst du nicht schlecht behandeln oder mit bösen Worten beleidigen. Denk immer daran, dass du selbst ein Fremder in einem fremden Land warst.

Mit schwachen Menschen wie **Witwen und Waisen** geh immer achtsam um, denn sie können sich nicht wehren. Wenn du böse zu ihnen bist und sie dann nach mir rufen, werde ich sie sofort hören. Und darüber werde ich dann sehr zornig werden.

Torah-Lesung zum zweiten Tag Chol ha-Moed Pessach

Wenn du einem armen Menschen aus deinem Volk Geld leihst, damit dieser zu leben hat, dann sollst du dich dafür nicht bezahlen lassen, denn es ist für dich eine Pflicht, einem armen Menschen Geld zu geben.

Wenn ein Armer von dir Geld leiht und du zur Sicherheit seinen Mantel nimmst, dann darfst du den Mantel nur bis zum Sonnenuntergang behalten. Abends musst du ihn wieder zurückgeben. Denn ein armer Mensch hat sonst nichts, womit er sich bedecken könnte. Worin sollte er nachts liegen? Denk daran, einen Armen, der zu mir schreit, höre ich, denn ich habe den Armen gegenüber ein großes Herz.

Was Gerechtigkeit ist

23,1

Glaube nicht jedem Geschwätz, das über andere verbreitet wird. Halte dich von allen Lügen fern, die du hörst. Auch sollst du vor einem Richter nichts Falsches aussagen, nur damit ein anderer seiner Strafe entgeht.

* **Soziales:** Immer wieder wird in der Torah darauf hingewiesen, dass Menschen, die innerhalb Jisraels einen schwachen Stand haben (Fremde, Arme, Witwen und Waisen), einer besonderen Fürsorge durch ihre Mitmenschen bedürfen. Vorschriften dazu sind deshalb notwendig, weil zur Zeit der Bibel kein Staat existierte, der den sozialen Ausgleich regelte. Allerdings spiegelt dieser Textabschnitt auch, wie wenig eigene Überzeugungskraft gerade diese Vorschriften haben, weshalb sehr emphatisch auf G'tt hingewiesen wird, der selbst auf deren Einhaltung achtet.

* **Witwen und Waisen:** In der Torah, ja insgesamt in der Bibel, werden Witwen und Waisen als eine besonders schützenswerte Gruppe eigens genannt. Das hat in erster Linie damit zu tun, dass der (Ehe-)Mann dem Haushalt vorstand und im Wesentlichen das wirtschaftliche Wohlergehen der Familie sicherte. Starb der Mann, wurde die wirtschaftliche Lage der Hinterbliebenen sofort prekär, da es hierfür keine Absicherungen gab. Deshalb wird als Ausgleich gerade gegenüber diesem Personenkreis die soziale Verpflichtung der Privilegierten hervorgehoben.

Wenn du zwischen zwei Menschen entscheiden musst, wer von beiden **Recht** hat, dann achte nicht auf das, was die Umstehenden behaupten. Halte dich an die Regeln und an das, was richtig ist.

Allerdings darfst du auch einen Armen in deinem Urteil nicht begünstigen.

Angenommen, du triffst auf dem Feld einen Ochsen von jemandem, mit dem du in Streit lebst, und du siehst, dass das Tier sich verirrt hat, dann geh trotzdem hin, nimm den Ochsen und bring ihn zurück.

Angenommen, du siehst, wie der Esel von jemandem, mit dem du in Streit lebst, unter seiner Last schwer zu tragen hat und beinahe zusammenbricht, dann geh hin und hilf dem Tier mit seiner Last.

Lass dich nicht bestechen! Nimm also weder Geld noch Geschenke an, wenn du in einer Streitsache zu entscheiden hast. Denn so etwas macht dich blind. Selbst Gerechte kommen dadurch durcheinander.

Einen Fremden sollst du nicht unterdrücken, denn ihr wisst selbst, wie man sich als Fremder fühlt. Schließlich wart ihr selbst schon Fremde in Mizrajim.

Was für das Schabbatjahr und den Schabbat zu beachten ist

23,10

Sechs Jahre kannst du dein Land bepflanzen und es abernten. Im siebten Jahr soll das ganze Land ruhen, ohne dass jemand darauf arbeitet. Die Früchte des Landes sollen den Armen ge-

* **Recht:** Jedes Rechtssystem, so sieht es die Torah vor, muss sich auf Gerechtigkeit gründen. Hierzu gehört die Unabhängigkeit des Richters und seines Richtspruches. Grundlage für das Urteil sollen nicht Meinungen sein, sondern Kenntnis in der Sache. Nicht die Personen, über die gerichtet werden soll, bestimmen den Urteilsspruch, sondern allein die Sachlage. Dass ein Richter Geld annimmt, um zu einem günstigen Urteil zu kommen, ist ausgeschlossen. Die Unabhängigkeit des Richters wird hier sehr stark betont. Sie ist zu einem entscheidenden Grundsatz unserer Demokratien geworden, ohne den eine moderne Gesellschaft nicht vorstellbar ist.

* **Schabbat und Schabbatjahr:** Zu dem, was wir bereits über den Schabbat wissen, kommt hier das Schabbatjahr hinzu, in dem das ganze Land brachliegen soll. Aus dem Blickwinkel der Ertragsmaximierung findet der Gedanke heute kaum Beachtung. Dagegen wird in Israel die Landwirtschaft weitgehend so organisiert, dass diese Vorschriften – zumindest prinzipiell – eingehalten werden können und der Boden im Schabbatjahr »Ruhe« erhält. Dies bringt einen besseren Ertrag, wenn man nicht mit Düngung einen anhaltenden Erfolg erzielen will, und es geht mit einem sozialen Effekt einher: Auch die Unterprivilegierten können so einmal die Früchte des Bodens ernten. Das macht noch einmal deutlich, dass das Land eben nicht dem Landbesitzer gehört, sondern letztlich G'tt. In dieser Parascha und im Buch *Devarim* (S. 74–75) ist mit dem Schabbatjahr auch ein Schuldenerlass verbunden, weshalb die hebräischen Schuld- oder Lohnknechte wieder als freie Männer nach Hause gehen dürfen.

hören, und auch die Tiere sollen davon essen. Dies soll auch für deine Weinberge und Olivenhaine gelten.

Sechs Tage kannst du arbeiten. Aber am siebten Tag sollst du dich ausruhen. So bekommst nicht nur du deine Ruhe, sondern auch deine Haustiere und deine Bediensteten bekommen sie. Alle sollen einmal tief durchatmen können.

Was für die Feste zu beachten ist

23,14

Dreimal im Jahr sollst du zu mir kommen. Vor allem die Männer sollen kommen und bei mir ein Fest feiern:

Das Fest der ungesäuerten Brote sollst du beachten. Da sollst du darauf achten, dass du sieben Tage lang nur Mazzot isst.

Und auch das Fest der Ernte sollst du beachten. Denn an diesem Fest wird deine Ernte gefeiert und was du als Erstes von deinen Feldern einbringst.

Und auch das Fest der Lese sollst du feiern. Dieses Fest sollst du gegen Ende des Jahres feiern, dann also, wenn du alles vom Feld einholst und aberntest.

Grundsätzlich gilt: Wenn du dreimal zu mir kommst, um ein Fest zu feiern, dann sollst du das Beste von deinem Feld, deine Erstlinge, in das Haus des Ewigen bringen.

Das Jungtier sollst du nicht in der **Milch** seiner Mutter kochen.

Ende der Torah-Lesung zu Chol ha-Moed Pessach

* **Feste:** Die drei Pilgerfeste (*schalosch regalim*) werden an mehreren Stellen in der Torah genannt, allerdings nicht immer mit denselben Bezeichnungen. In dieser Parascha wird der bäuerlich-landwirtschaftliche Aspekt der Feste betont. Deshalb lesen wir vom Fest der ungesäuerten Brote *(chag ha-mazzot)* und nicht einfach von Pessach. Das Wochenfest wird hier als Fest der Ernte der Erstlinge *(chag ha-kazir)* vorgestellt, und das Fest, das wir als Sukkotfest kennen, heißt in dieser Parascha Fest der Lese *(chag ha-asif)*. Dies ist deshalb so, weil die Torah die Gabe des Landes stets in Beziehung zur Befreiung aus Mizrajim setzt. Das Land existiert für Jisrael nicht einfach so, sondern als Ergebnis der besonderen Tat G'ttes, also der Zusage an die Väter und der Befreiung der Jisraeliten aus Mizrajim.

* **Milch:** Aus diesem kleinen Satz entwickelte das rabbinische Judentum ein ausgeklügeltes halachisches System zur Trennung von milchigen und fleischigen Speisen, die man (zeitlich) getrennt einnehmen soll.

Was zum Land zu beachten ist

23,20

Wenn du deine Wanderung durch die Wüste fortsetzt, werde ich dir einen Engel schicken, damit er dir den Weg zeigt. Er wird dich behüten und sicher in das Land bringen, das ich dir versprochen habe. Aber denk daran, auf den Engel zu hören. Dann wird euch nichts passieren, und ihr werdet alt werden und zufrieden sein können.

Und wenn du sicher in das Land Knaan gebracht worden bist, dann darfst du keine fremden Götter anbeten. Denn mir allein sollt ihr dienen.«

G'tt und das Volk verbünden sich

24,1
Und nachdem er all dies gesagt hatte, rief der Ewige Mosche und Aharon zusammen mit dessen Söhnen Nadav und Avihu und den siebzig Ältesten zu sich auf den Berg. Aber sprechen wollte er allein zu Mosche.

Da berichtete Mosche dem Volk alles, was er bis dahin vom Ewigen gehört hatte. Und das Volk antwortete mit einer Stimme: »Alles, was der Ewige gesagt hat, wollen wir tun.«

Dann schrieb Mosche alles auf, was der Ewige dem Volk bereits gesagt hatte, und baute unten am Berg einen Altar mit zwölf Steinen: für jeden Stamm Jisraels einen. Dort schächteten junge Männer ein paar Stiere, und Mosche spritzte von ihrem Blut etwas an den Altar. Dann nahm er das Buch, das er geschrieben hatte, und las dem Volk daraus vor. Und auch diesmal antwortete das Volk: »Alles, was der Ewige gesagt hat, wollen wir tun und darauf hören.« Und Mosche nahm von dem Blut und bespritzte damit das Volk zum Zeichen dafür, dass sie mit dem Ewigen diesen Bund geschlossen hatten.

Dann war es soweit: Mosche, Aharon, Nadav und Avihu und siebzig von den Ältesten stiegen den Berg hinauf. Und oben sahen sie den G'tt Jisraels. Ihm zu Füßen war es ganz hell, wie ein leuchtender Edelstein. Aber ihnen geschah nichts. Sie sahen G'tt und sie aßen und sie tranken.

Dann sagte der Ewige zu Mosche: »Komm zu mir, dann kann ich dir die steinernen Tafeln geben, die ich mit der Torah und den Gesetzen beschrieben habe.«

24,16–18

וַיִּשְׁכֹּן כְּבוֹד ה' עַל הַר סִינַי וַיְכַסֵּהוּ הֶעָנָן שֵׁשֶׁת יָמִים
וַיִּקְרָא אֶל מֹשֶׁה בַּיּוֹם הַשְּׁבִיעִי מִתּוֹךְ הֶעָנָן:
וּמַרְאֵה כְּבוֹד ה' כְּאֵשׁ אֹכֶלֶת בְּרֹאשׁ הָהָר לְעֵינֵי בְּנֵי יִשְׂרָאֵל:
וַיָּבֹא מֹשֶׁה בְּתוֹךְ הֶעָנָן וַיַּעַל אֶל הָהָר
וַיְהִי מֹשֶׁה בָּהָר אַרְבָּעִים יוֹם וְאַרְבָּעִים לָיְלָה:

Und als Mosche oben war, da wurde der Berg von einer dicken Wolke umhüllt, sechs Tage lang, denn der Ewige war in seinem Lichtglanz auf den Berg gekommen. Am siebten Tag rief der Ewige Mosche. Der Lichtglanz des Ewigen sah für das Volk aber aus wie ein großes Feuer auf dem Gipfel des Berges. Und Mosche blieb vierzig Tage und vierzig Nächte lang auf dem Berg.

PARASCHAT TRUMA – Spende

Ex 25,1–27,19

Dieser Abschnitt wird lediglich im jährlichen Lesezyklus in der Synagoge gelesen.

Als Haftara steht dieser Parascha der Abschnitt 1 Könige 5,26–6,13 zur Seite. In diesem Abschnitt wird – passend zur Parascha – die Vorbereitung des salomonischen Tempels beschrieben.

Einleitung

In dieser Parascha geht es ausschließlich um das Heiligtum in der Wüste und seine Gerätschaften. Dieses Thema wird in der Parascha *Tezawe* fortgesetzt und in der Parascha *Wajakhel* fast wörtlich wiederholt, wenngleich in unterschiedlicher Reihenfolge. Ging es also in der letzten Parascha (*Mischpatim*) noch um Gesetze, die die Jisraeliten selbst und ihr Leben betrafen, so rücken nun der heilige Raum und der Dienst für G'tt in den Mittelpunkt. Damit wird die »pädagogische« Zielrichtung der Torah deutlich: Auf die in den Rahmen einer Erzählung eingebetteten Gebote folgen zunächst Gesetze, die die Jisraeliten in ihrer Situation unmittelbar betrafen. Mit diesen Gesetzen konnte sich ein Volk formieren und schon in Ansätzen geordnet sein Dasein verbringen.

Nun geht es einen Schritt weiter: Der Heilige Ort wird konstituiert. Dieser ist für das jisraelitische Volk und sein Leben nicht unmittelbar notwendig, trotzdem soll er sich für sie als wichtiges Zentrum erweisen. Denn der Heilige Ort ist der Raum, um den herum sich das Volk lagert, auf den sich viele Gesetze, die noch verkündet werden, konzentrieren. Dabei ist spannend, dass der Faktor Zeit schon längst über die Vorschriften für Pessach, die anderen Festtage und den Schabbat eingefangen wurde und das Leben des Volkes dadurch rhythmisiert. Nun erhält die Dimension Raum eine ganz besondere Stellung, und deshalb wird sie auch zweimal konstituiert: das erste Mal (in dieser Parascha) auf dem Berg Sinai, wo Mosche von G'tt nur gesagt bekommt, wie er die einzelnen Elemente ausführen muss; das zweite Mal (in Paraschat *Wajakhel)*, wo die Anweisungen am Fuße des Berges vor dem Volk wiederholt werden, damit die Baumeister die Anweisungen umsetzen können. Der Raum, der als heiliger Raum unten auf der Erde geschaffen werden soll, soll in einer ganz besonderen Weise dem beschriebenen Raum oben auf dem Berg Sinai, dem himmlischen Urbild sozusagen (*tavnit*), entsprechen.

Bei der Dimension Zeit wird diese Analogie nicht ganz so konsequent durchgesetzt. Hier findet lediglich der Verweis, dass G'tt am siebten Tag geruht hat, eine Entsprechung im Schabbat-Gebot. Die besondere Bedeutung des Heiligen Raums zeigt sich auch darin, dass der Raum, der geschaffen werden soll, ein mobiler ist. Er ist leicht abzubauen, zu transportieren (die Stangen!) und wieder aufzustellen. Es handelt sich also nicht um einen festgefügten Raum, sondern um einen, der mit dem wandernden Volk mitzieht. Also gerade dort, wo das Volk nicht geerdet ist (weil es in der Wüste umherirrt), erhält es die wesentliche Vorstellung von Raum. Hier offenbart sich die Analogie zur jüdischen Geschichte, die in der Tat geprägt ist von der Ambivalenz der »Heimatlosigkeit« und der festen Vorstellung von Räumen, vor allem eben »Heiligen Räumen«.

Woraus die Wohnung gebaut werden soll

25,1

וַיְדַבֵּר ה' אֶל מֹשֶׁה לֵּאמֹר:
דַּבֵּר אֶל בְּנֵי יִשְׂרָאֵל וְיִקְחוּ לִי תְּרוּמָה
מֵאֵת כָּל אִישׁ אֲשֶׁר יִדְּבֶנּוּ לִבּוֹ תִּקְחוּ אֶת תְּרוּמָתִי:

Und der Ewige wandte sich an Mosche und sprach: »Die Jisraeliten sollen mir nun allerlei Dinge bringen. Alle, die mir von Herzen etwas geben wollen, sollen das tun. Denn sie sollen mir ein Heiligtum bauen und für die Kohanim Kleider anfertigen. Dazu sollen sie Gold, Silber und Kupfer **spenden**, auch Wolle in den schönsten Farben, vor allem viele Rottöne, Stoffe und Felle. Auch gutes Akazienholz, Öl für den Leuchter und Öl zum Einsalben, Gewürze und besonders schöne Edelsteine. All das sollen sie dir bringen, um damit ein Heiligtum zu bauen. Denn ich möchte unter ihnen wohnen, und dazu brauche ich einen ganz besonderen Ort.

Pass jetzt gut auf: Ich werde dir haargenau zeigen, wie das Heiligtum und alle Geräte für das Heiligtum aussehen sollen. Und genauso sollen die Jisraeliten das Heiligtum und seine Geräte herstellen.

Wie der heilige Kasten gebaut werden soll

25,10

Als Erstes zimmert ihr mir aus Akazienholz einen **Kasten**. Den sollt ihr ganz mit Gold überziehen, damit er schön glänzt. Und dann sollst du ringsum einen goldenen Kranz anbringen, der

* **Die Spende:** Das zu erbauende Heiligtum soll in der Mitte des Volkes stehen, darauf soll alles ausgerichtet sein, denn es ist die »Wohnung G'ttes«. Nicht als überirdische Größe, sondern ganz real. Auch wird dieser Bau nicht »wunderbarerweise« dastehen, wie vom Himmel gefallen. Vielmehr müssen die Jisraeliten ihn selbst bauen und die Materialien spenden. Und darin zeigt sich die erste Ausrichtung auf das Heiligtum: Die Materialien müssen von Herzen kommen, sie sind keine Pflichtabgabe, sondern sie sollen die Jisraeliten ganz individuell auf das Heiligtum hin ausrichten, auch wenn der Einzelne wenig mit seinem Bau oder Unterhalt zu tun hat.

* **Der Kasten:** Die Darstellung des Heiligtums beginnt nicht mit dem Bauwerk selbst, sondern mit dessen Interieur, an erster Stelle mit dem Kasten, auch Bundeslade genannt, in dem später (im fünften Buch Dtn 31,9, *Devarim*, S. 136) das geschriebene Gesetz oder die beiden Tafeln des Gesetzes, nach Raschi die Torah, untergebracht wird. Dieser Kasten ist das Herzstück des Heiligtums, für ihn gibt es einen eigenen Bezirk: das Allerheiligste. Und nicht umsonst soll dieser Kasten mit einer *kapporet,* einem Deckel, verschlossen sein, aus dem sich zwei geflügelte Wesen, die *Kruvim*, emporheben. Dies soll den »Ort« G'ttes darstellen, an dem man ihn treffen kann – und nur dort! Die Torah und die Gegenwart G'ttes werden also in eine sehr enge Relation gebracht.

ein bisschen wie eine Krone aussehen soll. An den vier Ecken befestigst du goldene Ringe, in die du goldene Stangen hineinstecken kannst. Mit diesen Stangen kannst du den Kasten bequem durch die Wüste tragen.

Wenn du damit fertig bist, dann nimmst du die Torah, die ich dir geben werde, und legst sie in den Kasten hinein. Den Kasten verschließt du mit einem Deckel, der ganz genau darauf passt. Und auch der Deckel soll ganz aus Gold sein. Obenauf sollen zwei goldene Figürchen mit Kindergesichtern und Flügeln sein: die *Kruvim*.

25,22

וְנוֹעַדְתִּי לְךָ שָׁם וְדִבַּרְתִּי אִתְּךָ מֵעַל הַכַּפֹּרֶת
מִבֵּין שְׁנֵי הַכְּרֻבִים אֲשֶׁר עַל אֲרוֹן הָעֵדֻת
אֵת כָּל אֲשֶׁר אֲצַוֶּה אוֹתְךָ אֶל בְּנֵי יִשְׂרָאֵל׃

Später, wenn ich unter euch wohnen werde, werde ich von diesem Deckel aus zu dir sprechen, und zwar genau unterhalb der Stelle, wo die beiden Figürchen mit ihren Flügeln zusammenkommen.

* **Der Tisch und die Brote:** Der goldene Tisch dient dazu, die Brote aufzubewahren. Die Brote wurden nicht auf eine ebene Fläche gelegt, sondern übereinander auf ein Röhrengestänge, damit sie von allen Seiten Luft erhielten und nicht schimmelten. Analog zu den zwölf Stämmen sollen es zwölf Brote sein. Jeden Schabbat sollen sie erneuert werden, was später im Buch *Wajikra* (Lev 24,5–9, S. 109), erklärt wird. Die Brote sind als ständige Gaben der Jisraeliten gedacht, die die Kohanim essen dürfen.

Wie der Tisch gebaut werden soll

25,23

Wenn du damit fertig bist, dann zimmerst du aus Akazienholz einen Tisch. Und auch der Tisch soll mit Gold überzogen werden, damit er schön glänzt. Und auch hier sollst du einen goldenen Kranz und an die vier Ecken goldene Ringe anbringen, in die du Stangen stecken kannst. Denn auch den Tisch sollst du bequem tragen können.

Dann musst du für den Tisch Gestänge, Schüsseln und Schalen machen, damit du die Brote übereinander legen kannst. Alle diese Geräte sollen ebenfalls aus Gold hergestellt werden. Denn der Tisch soll nur dafür da sein, dass sich immer Brote darauf befinden.

Wie die Menora gebaut werden soll

25,31

וְעָשִׂיתָ מְנֹרַת זָהָב טָהוֹר מִקְשָׁה תֵּיעָשֶׂה הַמְּנוֹרָה יְרֵכָהּ וְקָנָהּ
גְּבִיעֶיהָ כַּפְתֹּרֶיהָ וּפְרָחֶיהָ מִמֶּנָּה יִהְיוּ׃

Nun sollst du den Leuchter, die **Menora**, anfertigen. Die Menora soll ganz aus Gold bestehen und aus einem Stück getrieben sein. Sie soll einen Schaft nach oben haben, aus dem sechs Arme herausragen, auf jeder Seite drei. Der Schaft und die Arme sollen schön mit Kelchen, kugeligen Griffen und Blumen verziert sein, schließlich soll er schön aussehen.

Oben auf den Armen sollen sich Ölbehälter befinden. In die wird das Öl gegossen und der Docht hineingelegt, sodass oben die Lichter brennen können. Du sollst alles genauso anfertigen, wie ich es dir oben auf dem Berg gezeigt habe.

* **Menora:** Als vorerst letztes Stück der Innenausstattung wird die Menora, der Leuchter, beschrieben. Bereits die Rabbinen haben sehr sorgfältig darüber nachgedacht, wie er wohl ausgesehen hat. Die Beschreibung bleibt nämlich unbestimmt, und die heutige Form entspricht ihr eher weniger. Eindeutig ist, dass die Menora aus einem Stück Gold getrieben, also nicht zusammengesetzt sein soll. Die Lampen des Leuchters sollen jede Nacht hindurch brennen. Nach Raschi erschien Mosche die Herstellung der Menora zu kompliziert, sodass G'tt ihm einen Leuchter aus Feuer zeigte, damit er sich eine Vorstellung davon machen konnte.

Wie die Wohnung gebaut werden soll

26,1

Um die **Wohnung** zu bauen, sollst du zuerst Teppiche herstellen, in Rot- und Violetttönen. Sie sollen aus verschiedenfarbiger Wolle gefertigt werden. Die Teppiche sollen sehr schön sein, und deshalb sollst du auch hier die Kruvim, die geflügelten Wesen, einweben. Die Teppiche sollen, wie in einem Zelt, das Dach und die Wände der Wohnung bilden. Deshalb sollst du sie gut zusammennähen.

Aber das ist noch nicht genug: Über diese Teppiche sollen noch einmal Decken aus Ziegenhaar gelegt werden, die ebenfalls das Dach und die Wände bilden sollen. Und zum Schluss nimmst du Tierfelle und machst daraus Decken, die du dann oben auf das Dach über die anderen Decken legst.

Nun brauchst du Bretter und Latten, über die du die Teppiche und Decken legen kannst. Nimm Bretter aus Akazienholz, leg sie aneinander, steck sie in Füße und bilde damit die Wände rundherum, also die langen Seitenwände und die kür-

* **Die Wohnung** besteht aus Brettern, Stangen und Teppichen. Die Teppiche und Decken werden für das Dach und die Wände verwendet, während die Bretter und Stangen eine Art Gerüst dafür bilden sollen.

zere Hinterwand. Für die Vorderseite brauchst du weniger Bretter, denn dort soll der Eingang sein. Mit Querlatten sorgst du dafür, dass die Bretter beieinanderbleiben und nicht umfallen. Damit die Wohnung aber wirklich schön aussieht, musst du alle Bretter und Latten mit Gold überziehen. Dann glänzt alles und sieht sehr schön aus.

Wie der Trennvorhang hergestellt werden soll

26,31

Dann benötigst du noch einen **Trennvorhang**. Denn ich möchte meine Wohnung in einen heiligen Bereich und einen allerheiligsten Bereich unterteilen, wo der Kasten mit der Torah stehen soll. Nimm für diesen Vorhang Wolle aus verschiedenen Farben und webe auch hier die geflügelten Figürchen, die Kruvim, zur Zierde ein.

* **Der Trennvorhang** (*parochet*) teilt den inneren Raum des Zelt-Heiligtums in zwei Bereiche: Der innere Bereich, der nur durch diesen Trennvorhang betreten werden kann, stellt den allerheiligsten Bezirk dar. Dort befindet sich nur der Kasten. Der Tisch, die Menora und der goldene Räucheraltar, der aber erst in Paraschat *Tezawe* beschrieben wird, haben ihren Platz vor dem Vorhang.

Um den Vorhang aufhängen zu können, sollst du vier Säulen aus Akazienholz aufstellen, die du vorher mit Gold überzogen hast. Auf diese Weise hast du die Wohnung aufgeteilt und kannst den Kasten mit der Torah in den inneren Bereich stellen und den Tisch und den Leuchter vor den Trennvorhang.

Nach diesen Arbeiten musst du einen Vorhang für den Eingang zur Wohnung herstellen. Auch diesen hängst du an Säulen auf. Damit ist die Wohnung fertig.

Wie der kupferne Altar gebaut werden soll

27,1

Jetzt hast du also die Wohnung. Das reicht aber noch nicht. Denn du brauchst einen **Altar**. Den Altar zimmerst du ebenfalls aus Akazienholz. Groß soll der Altar sein, und an den Ecken soll er vier Hörner haben. Und du sollst ihn mit Kupfer

* **Altar:** Es gibt zwei verschiedene Altäre, hier ist zunächst der kupferne Altar gemeint, auf dem die Tieropfer verbrannt werden sollen. Das Auffälligste an diesem Altar ist, dass er so etwas wie Hörner an den Ecken haben soll, also Erhebungen, die über die ebene Fläche des Altares hinausragen. Sie sehen daher ein bisschen den klassischen Türmen im Schachspiel ähnlich. An diesen Hörnern werden verschiedene Blutriten vollzogen.

überziehen. Denn auf dem Altar sollen Fleischstücke verbrannt werden, und so kann das Holz nicht verbrennen.

Um die Asche vom Altar zu nehmen oder die Fleischstücke zu wenden, brauchst du verschiedene Gerätschaften. Die Pfannen, Gabeln und Schaufeln sollst du ebenfalls aus Kupfer herstellen.

Auch der Altar benötigt an seinen vier Ecken starke Ringe, damit du Stangen hindurchstecken und den Altar bequem durch die Wüste tragen kannst.

Wie der äußere Hof gebaut werden soll

27,9

Nun musst du noch daran denken, dass die Wohnung einen **Hof** braucht. Du musst also nochmals Wände erstellen, die um die Wohnung herumführen und sie einschließen. Auch dazu brauchst du Säulen und Teppiche. Und denk daran, dass du auch für den Hof an der Vorderseite einen Eingang brauchst. Stelle also diese Seite nicht ganz mit einer Wand zu, sondern lass eine Öffnung, vor die du wiederum einen Vorhang hängst. Auch dieser Vorhang soll in Rot- und Violetttönen gehalten sein.«

* **Hof:** So, wie der Raum des Heiligtums mit Brettern, Stangen, Teppichen und Decken erstellt werden soll, so sollen auch der Vor- und Umhof um diesen Raum herum entstehen. Der Hof war der Ort, zu dem die gewöhnlichen Jisraeliten kamen, um ein Opfertier zum Heiligtum zu bringen.

PARASCHAT TEZAWE – Du sollst gebieten

Ex 27,20–30,10

Dieser Abschnitt wird lediglich in der wöchentlichen Torah-Lesung zum Vortrag gebracht.

Als Haftara wird der Abschnitt Ez 43,10–27 gelesen, in dem es um die Vorstellungen des Propheten Jecheskel zum Neuen Tempel geht.

Einleitung

Nachdem die Anweisungen für das Heiligtum und die Gerätschaften des Heiligtums gegeben wurden, stehen nun die Kohanim, die Priester, im Mittelpunkt. Die Priester sind die Gewährsleute dafür, dass der Unterschied zwischen Heiligtum und profanem Bereich eingehalten werden kann, denn nur sie dürfen sich zwischen beiden hin- und herbewegen. Das Heiligtum ist ein besonderer Bereich, schon allein deshalb, weil es den gewöhnlichen Jisraeliten untersagt ist, dort einzutreten. Aber um das Heiligtum mit einem Ritual in das Leben der Jisraeliten einzubinden, bedarf es eines besonderen Personals. Nach der Vorstellung der Torah sind das die Kohanim, also all jene, die aus dem Stamm der Lewijim kommen und dort von Aharon abstammen.

Die Kleidung, die die Kohanim als solche kennzeichnet, darf nur von ihnen und niemandem sonst getragen werden. Aber die Kleidung ist mehr als ein bloßes Kennzeichen: Sie bewirkt, dass der Kohen den Dienst vor dem Ewigen überhaupt verrichten darf. Zunächst geht es deshalb um die verschiedenen Kleidungsstücke sowohl des gesalbten Priesters (*ha-kohen ha-maschiach*) als auch des normalen Kohen: in diesem Fall Aharons und seiner Söhne. Diese Kleidung soll natürlich auf eine besondere Weise und mit besonderen Materialien gefertigt werden. Aber weshalb legt die Parascha hierauf einen so großen Wert? Immerhin sind diese Beschreibungen so kompliziert, dass man sich von den Kleidungsstücken nur schwer ein Bild machen kann (zumindest sind sich die Kommentatoren überhaupt nicht einig darüber, wie sie ausgesehen haben).

Die Antwort findet sich bei Raschi. So sagt er zum Beispiel zu dem Vers »Die Glöckchen am Obergewand Aharons müssen klingeln, wenn er in das Allerheiligste eintritt und wieder hinausgeht. Denn sonst muss er sterben.«: »Aharon muss alle seine Kleider vorschriftsmäßig angelegt haben, da er sonst sterben muss.« Raschi bezieht also diese Androhung des Sterbens nicht nur auf die Glöckchen, sondern auf die Kleidung insgesamt. Es ist die Kleidung, die den Kohen in Schuld fallen lässt, wenn er sie nicht ordnungsgemäß angezogen hat. Und dies wiederum liegt daran, dass jeder Mensch ein Mensch bleibt, egal, welchen Status er innehat. Aber ein Kohen, der vor dem Ewigen seinen Dienst im Allerheiligsten verrichten soll, muss Vorkehrungen treffen, damit er sich überhaupt in die Nähe des Ewigen wagen kann, zum Beispiel, indem er sich entsprechend kleidet. Nicht eine besondere Charakterstärke oder -eigenschaft, nicht eine besondere Religiosität macht den Kohen für das Heiligtum tauglich, sondern allein seine Kleidung, die er anlegt, und ein angemessenes Verhalten (z. B. darf er normalerweise nicht sprechen).

Aus heutiger Sicht könnte man einwenden: Das ist aber doch recht oberflächlich! Es geht um das Heiligtum G'ttes, und die, die den Dienst hier verrichten dürfen, unterscheiden sich letztlich nur durch die Kleidung? Tatsächlich aber ist es weniger oberflächlich gedacht, als es auf den ersten Blick scheint. Denn die Torah weiß sehr genau um das Fehlverhalten derer, die eine besondere Verantwortung übernehmen. So erfahren wir beispielsweise im dritten Buch (Lev 10,1–5, *Wajikra,* S. 49), dass schon die Söhne Aharons, Nadav und Avihu, in ihrem religiös überschäumenden Eifer zu weit gehen und sich nicht an die Regeln halten, sondern ein Sonderopfer bringen wollen. Sie berufen sich auf die »inneren Werte«, durch die sie mehr tun wollen als vorgeschrieben ist. Aber alles, was sich auf das eigene Gefühl, auf den eigenen Eifer, auf die eigene Religiosität beruft, ist nicht kontrollierbar. Es ist keine Qualität, die einen Dienst am Heiligtum rechtfertigen könnte.

Die Kleidung ist das von G'tt festgesetzte Kriterium. Der Kohen muss ganz einfach die Dinge tun, die vorgeschrieben sind, dann gibt es keinen emotionalen oder individuellen Überschuss an Tatendrang, der etwas noch heiliger machen könnte. Die Tauglichkeit für die Heiligkeit kann nicht an die subjektive, weil innere »Wertigkeit« des Kohen gebunden sein. In diesem Fall würde G'tt seinen eigenen Heiligkeitsbegriff an die Menschen abgeben. Und wohin das führt, zeigen in der Geschichte immer wieder die Eiferer, die besser zu wissen glaubten, was heilig ist, und die deswegen stets von der späteren rabbinischen Tradition gemaßregelt wurden.

Wie das Öl für den Leuchter hergestellt werden soll

27,20

וְאַתָּה תְּצַוֶּה אֶת בְּנֵי יִשְׂרָאֵל וְיִקְחוּ אֵלֶיךָ שֶׁמֶן זַיִת זָךְ כָּתִית לַמָּאוֹר
לְהַעֲלֹת נֵר תָּמִיד:
בְּאֹהֶל מוֹעֵד מִחוּץ לַפָּרֹכֶת אֲשֶׁר עַל הָעֵדֻת
יַעֲרֹךְ אֹתוֹ אַהֲרֹן וּבָנָיו מֵעֶרֶב עַד בֹּקֶר לִפְנֵי ה'
חֻקַּת עוֹלָם לְדֹרֹתָם מֵאֵת בְּנֵי יִשְׂרָאֵל:

* **Immerwährendes Licht:** Die Öllampen brennen nicht durchgehend, sondern nur in der Nacht. Sie werden am Abend angezündet. Es muss jeweils nur so viel Öl in den Lampen sein, dass es für eine Nacht reicht. Damit wird das Heiligtum nie sich selbst überlassen (verlassen und dunkel), sondern ist durch die Handlung der Kohanim stets in ein Ritual eingebunden. Von dieser Parascha an heißt die Wohnung auch Zelt der Begegnung (*ohel moed*).

»Nachdem du also weißt, wie die Geräte hergestellt werden und wie das Zelt der Begegnung gebaut werden soll, musst du nun den Kindern Jisraels gebieten, dass sie Öl für die Menora bringen sollen, damit Aharon und seine Söhne die Lichter anzünden können. Für das Öl nimmst du Oliven und zerstößt sie in einem Mörser. Und dieses reine Öl, das dabei herauskommt, das nimmst du für die Lampen an der Menora. Und Aharon und seine Söhne sollen die Lampen immer abends anzünden, damit sie jeden Tag vom Abend bis zum Morgen brennen. Es soll ein **immerwährendes Licht** sein. Das sollt ihr immer so machen, es soll euch ein ewiges Gesetz sein. Und ihr sollt euch immer daran halten!

Wie die Kleidung für die Kohanim hergestellt werden soll

28,1

Nun könnt ihr ein Heiligtum bauen, auch schön einrichten könnt ihr es. Aber noch habt ihr niemanden, der in das Heiligtum hineingehen und dort die Arbeit machen kann. Denn nicht jeder soll in das Heiligtum hineinspazieren können. Dort sollen nur ausgewählte Menschen Zutritt haben, und das sollen die Kohanim sein. Und von allen Jisraeliten sollst du deinen

Bruder Aharon und seine Söhne Nadav, Avihu, Elasar und Itamar dazu auswählen. Aber damit sie aussehen wie Kohanim und ihren Dienst antreten dürfen, benötigen sie ganz bestimmte Kleider. Denn sie sollen ganz besonders und schön aussehen.

Um diese Kleider herzustellen, müsst ihr im Volk nach Leuten suchen, die dafür geschickt und klug genug sind.

Und das sind die Kleidungsstücke, die diese Leute herstellen sollen: den Choschen, den Efod, einen Mantel, ein Unterkleid, einen Kopfschmuck und einen Gürtel.

Wie der Efod hergestellt werden soll

28,6

Zunächst sollen sie den **Efod** herstellen. Der soll aus verschiedenfarbiger Wolle gemacht werden, auch diesmal wieder mit vielen Rot- und Violetttönen und mit einem Faden Gold. Denn der Efod ist ein ganz besonderes Kleidungsstück. Er ähnelt einer Schürze, die den Rücken bedeckt. Zwei Bänder führen von hinten über die Schultern. Und oben auf den Schulterstücken dieser Bänder sollen die schönsten Edelsteine eingesetzt werden, Schoham-Steine, einer rechts, einer links. In diese Edelsteine sollen die Namen der Stämme Jisraels graviert werden, sechs Namen rechts, sechs Namen links.

* **Der Efod** ist eine Art umgekehrt getragene Schürze, die nicht Brust und Bauch, sondern den Rücken bedeckt. Wichtig beim Efod sind die Edelsteine, die sogenannten Schoham-Steine, die die zwölf Stämme der Jisraeliten repräsentieren. Denn die Kohanim machen den Dienst im Heiligtum nicht für sich, sondern als Repräsentanten des Volkes Jisrael. Sie tragen gewissermaßen das ganze Volk in das Heiligtum.

Wie das Brustschild hergestellt werden soll

28,15

An den Schulterbändern des Efod befestigst du den Choschen, das **Brustschild**. Das soll Aharon vor seiner Brust tragen. Aber es ist ein ganz besonderes Schild, das aussieht wie eine quadratische Tasche, und du hängst es an goldene Kettchen. Und in die Tasche legst du Lose, die Urim und Tummim heißen sollen.

* **Choschen, Brustschild:** Dieses Kleidungsstück ist eine Tasche, die am Efod befestigt ist und vor der Brust hängt. In dieser Tasche befinden sich die Lossteine Urim und Tummim, mit deren Hilfe der Kohen Entscheidungen herbeiführen kann, ähnlich wie mit einem Losentscheid. Die Kohanim haben also nicht nur Rituale im Heiligtum zu vollziehen, sondern auch richterliche Aufgaben inne. Auch auf diesem Choschen sind Edelsteine angebracht, die die Namen der Stämme Jisraels tragen. Denn auch in den richterlichen Entscheidungen repräsentieren die Kohanim das Volk Jisrael.

Sie helfen dir, wenn du Urteile fällen musst. Das Brustschild soll ebenfalls aus golddurchwirkter Wolle hergestellt und mit zwölf Steinen in goldenen Fassungen verziert werden. Jeder Stein soll einen Namen der Stämme Jisraels tragen.

Wie der Mantel hergestellt werden soll

28,31

Unter dem Efod soll Aharon einen **Mantel** tragen. Der soll ganz in Violett gehalten sein. Es ist ein langes Kleidungsstück bis hinunter zu den Füßen. Er hat oben eine Öffnung, um hineinzuschlüpfen, aber das Besondere sind die Verzierungen am unteren Ende, an seinem Saum. Denn dort werden abwechselnd Granatäpfel aus Wolle und kleine Glöckchen aus Gold angenäht. Und die Glöckchen sind nicht nur zur Verzierung da. Sie klingeln auch richtig. Und das müssen sie auch. Denn wenn Aharon in das Zelt der Begegnung hineingeht, dann müssen sie klingeln, damit er auch heil wieder hinauskommt. Würden sie nicht klingeln, müsste Aharon sterben.

* **Dieser Mantel** *(meïl)* wird *unter* dem Efod getragen und ist also nicht das äußerste Kleidungsstück. Besondere Bedeutung haben hier die Glöckchen am unteren Saum des Mantels, die nicht nur zur Zierde da sein, sondern hörbar klingeln sollen. Dahinter steckt womöglich die Vorstellung, dass die Stille im Heiligtum (wie auch die Dunkelheit?) für den Kohen zu bedrückend wäre. Die g'ttliche Präsenz ist nur erträglich, wenn die Realität der Welt durch Klang und Licht anwesend ist. Ohne diese würde der Kohen von der g'ttlichen Präsenz absorbiert. Eine andere Deutungsmöglichkeit ist, dass der Kohen die g'ttliche Stille durchbrechen muss, um nicht zu ihr in Konkurrenz zu geraten: Mensch und G'tt nähern sich einander auch im Allerheiligsten nicht vollständig an.

Wie der Kopfschmuck hergestellt werden soll

28,36

Den Kopf soll Aharon mit einer Art Turban umwickeln, auf dem er einen goldenen Stirnreifen tragen soll, der vorn eine goldene Blüte hat. Und in die Blüte sollen die Worte ›Heilig dem Ewigen‹ eingraviert sein. Diesen Kopfschmuck soll Aharon immer tragen und ihn nie vergessen, wenn er seine Arbeit im Zelt der Begegnung verrichtet. Denn er ist ein Zeichen dafür, dass Aharon all die Fehltritte und Irrtümer des Volkes auf sich nimmt und trägt.

Was die anderen Kohanim tragen sollen

28,40

Das sind die Kleider für Aharon, der ein besonderer Kohen, ein **Kohen Gadol**, ist: Nur Aharon darf ganz nach innen gehen, dorthin, wo der Kasten mit dem Gesetz steht. Seine Söhne dagegen sind normale Kohanim. Sie kleiden sich nicht ganz so vornehm wie ihr Vater Aharon und haben auch nur halb so viele Kleidungsstücke an.

Aber alle müssen sich genauso kleiden, wie ich es gesagt habe, wenn sie in das Zelt der Begegnung gehen wollen. Außerdem sollen alle Kohanim so etwas wie leinene Hosen anziehen, damit man ihre Scham nicht sehen kann. Denn das wäre ein sehr großer Fehltritt.

* **Kohen Gadol:** Unter den Kohanim ragt einer besonders heraus, der in der Torah als *kohen ha-maschiach* (der gesalbte Priester) bezeichnet wird. In den Vorderen und Hinteren Propheten, dem zweiten Teil der Bibel, taucht er als *kohen gadol* (der große Priester) auf, was im Deutschen häufig als Hohepriester wiedergegeben wird. Es ist der Kohen, der am Jom Kippur die besonderen Rituale im Innersten des Heiligtums verrichten darf. In der Torah handelt es sich um Aharon, dem sein Sohn Elasar in diesem Amt nachfolgt (siehe Num 20,25–29, *Bamidbar*, S. 87). Alle Kohanim tragen vier Kleidungsstücke: eine leinene Hose, ein Unterkleid, einen Gürtel und einen Turban. Der gesalbte Kohen trägt zudem den Mantel, den Efod, den Choschen und oben auf dem Turban den goldenen Stirnreifen.

Wie Aharon und seine Söhne Kohanim werden

29,1

וְזֶה הַדָּבָר אֲשֶׁר תַּעֲשֶׂה לָהֶם לְקַדֵּשׁ אֹתָם לְכַהֵן לִי
לְקַח פַּר אֶחָד בֶּן בָּקָר וְאֵילִם שְׁנַיִם תְּמִימִם׃
וְלֶחֶם מַצּוֹת וְחַלֹּת מַצֹּת בְּלוּלֹת בַּשֶּׁמֶן וּרְקִיקֵי מַצּוֹת מְשֻׁחִים בַּשָּׁמֶן
סֹלֶת חִטִּים תַּעֲשֶׂה אֹתָם׃

Wenn du nun Aharon und seine Söhne als Kohanim **einsetzt**, dann sollst du erst mal einen Stier und zwei Widder aussuchen und dir verschiedene ungesäuerte Brote und Kuchen backen. Dann sollst du Aharon und seine Söhne am Eingang zum Zelt der Begegnung waschen. Danach ziehst du Aharon mit seinen Kleidern an. Also zuerst das Unterkleid, dann den Mantel, danach bindest du den Efod mit einem Gürtel. An dem Efod befestigst du das Brustschild, und zum Schluss setzt du Aharon den Turban auf und machst daran die goldene Blüte fest. Danach nimmst du Salböl und gießt es über seinen Kopf.

* **Die Einsetzung** *(milluim)* ist ein einmaliges Ritual, da das Priesteramt erst etabliert werden muss. Wie in der Torah üblich, werden für solche herausgehobenen Ereignisse stets Opfer benötigt (Tier- und Speiseopfer). Hier spielt auch das erstmalige Anlegen der Kleider der künftigen Kohanim eine wichtige Rolle. Mosche verrichtet nur dieses eine Mal priesterliche Dienste. Danach darf der gesamte Dienst am Heiligtum nur noch von den Kohanim durchgeführt werden.

Danach sollen seine Söhne in ihren leinenen Hosen vortreten, damit du ihnen ihre Kleidungsstücke anziehen kannst: Unterkleid, Gürtel, Turban. Auf diese Weise machst du sie zu Kohanim.

Nun musst du die Tiere, die du dir ausgesucht hast, an den Eingang des Zeltes der Begegnung bringen, und Aharon und seine Söhne sollen ihre Hände auf den Kopf des Stieres legen. Dann musst du ihn schächten und zerlegen und einige Teile auf dem Altar verbrennen. Alles ***Blut****, das du auffängst, gehört an den Altar und darf nicht einfach weggegossen werden. Ein bisschen Blut musst du mit dem Finger an die Hörner schmieren. Auf diese Weise machst du den Altar heilig, er wird von allen Unreinheiten befreit, sodass er würdig ist, im Zelt der Begegnung zu stehen. Denn das ist ein ganz besonderer Bereich, und alles, was sich darin befindet, muss ebenfalls heilig sein. Dasselbe machst du mit dem Widder, nur dass du ein bisschen von seinem Blut direkt an den Altar sprengst.*

Damit auch Aharon und seine Söhne im Zelt der Begegnung sein dürfen, müssen sie ebenfalls heilig gemacht werden. Deshalb nimmst du etwas von dem Blut des zweiten Widders und tupfst ihnen davon an einige Stellen ihres Körpers. Auch sollst du ihre Kleider mit etwas Blut und mit dem Salböl besprengen.

* **Blut:** Blut wird in der Torah als ein herausragendes Element des Lebens behandelt. Grundsätzlich darf kein Blut vergossen werden, selbst Tiere dürfen nicht einfach zum Eigenbedarf geschlachtet werden. Denn es gibt nur einen einzigen Ort, an den das von Tieren vergossene Blut gehört: an den Altar im Heiligtum. Und weil Blut derart tabu für das profane Leben ist, kann es »sühnen«, Unreinheiten beseitigen oder einen Menschen »tauglich« machen, sich dem Heiligtum zu nähern oder, wie der Kohen, sogar hineinzugehen. Deshalb werden die Kohanim an einigen Körperstellen (Ohrläppchen, rechter Daumen, rechter Zeh) mit Blut beschmiert und insgesamt mit Blut bespritzt. Die Bedeutung des Blutes wird im dritten Buch *Wajikra* ausführlicher thematisiert.

Wie die Kohanim ihre Mahlzeit einnehmen sollen

29,31

Nun können Aharon und seine Söhne das Fleisch kochen, das von dem zweiten Widder nicht anderweitig gebraucht wurde, und das ungesäuerte Brot herrichten und beides an einem heiligen Ort essen. Aber achtet unbedingt darauf, dass nur Aharon und seine Söhne davon essen. Niemand sonst. Denn das Fleisch und das Brot selbst sind heilig und darf von niemandem gegessen werden, der selbst nicht heilig ist.

Sieben Tage lang sollen sich Aharon und seine Söhne am Eingang zum Zelt der Begegnung aufhalten und dort ihre Mahlzeiten einnehmen. Und an allen sieben Tagen sollst du auch einen Stier opfern, damit der Altar gereinigt wird.

Und wenn du das alles gemacht haben wirst, werde ich das Zelt der Begegnung heiligen, damit ihr mich dort antreffen könnt. So werde ich unter den Kindern Jisraels wohnen können, ich, der Ewige!

Wie der Räucheraltar gebaut werden soll

30,1

Nun hast du schon viele Geräte für das Zelt der Begegnung hergestellt, aber eines fehlt noch: der **Räucheraltar**. Ja, du sollst noch einen Altar anfertigen, auf dem nur Gewürze und Kräuter verbrannt werden sollen. Auch diesmal zimmerst du ihn aus Akazienholz. An den Ecken oben sollst du ebenfalls so etwas wie Hörner anbringen. Wenn du das gemacht hast, dann überziehst du den Altar ganz mit Gold. Auch sollst du an den Ecken Ringe anbringen, durch die du Stangen stecken kannst.

Diesen Räucheraltar sollst du vor den Vorhang, genau auf der anderen Seite des Kastens mit dem Deckel, hinstellen. Dort soll er seinen Ort haben.

Wenn nun Aharon jeden Morgen in das Zelt der Begegnung geht, um die Lampen von der Menora zu säubern, dann soll er auf dem Altar wohlriechende Gewürze verbrennen. Jeden Morgen soll er dies tun, und auch jeden Abend, wenn er hingeht, um die Lampen wieder anzuzünden.

Einmal im Jahr soll Aharon den Räucheraltar mit dem Blut eines Tieres reinigen. Auf diese Weise wird der Räucheraltar wieder heilig.«

* **Auf dem Räucheraltar** sollen, im Unterschied zum kupfernen Altar, nur Gewürze verbrannt werden. Neben den Geräuschen (Glöckchen) und dem Licht (Menora) spielt auch der Duft für das Heiligtum eine wichtige Rolle. Deshalb werden die Tieropfer auch oft als ›Wohlgeruch für den Ewigen‹ dargebracht.

* **Einmal im Jahr:** Jom Kippur / *Jom ha-Kippurim* wird hier noch nicht explizit als Versöhnungstag erwähnt, aber vorausgesetzt. Er ist in der Torah der höchste Fastentag, an dem Aharon in das Allerheiligste eintreten darf. Der Jom Kippur wird ausführlich im dritten Buch der Torah (Lev 16,1–34, *Wajikra*, S. 76–80) beschrieben.

PARASCHAT KI TISSA – Wenn du aufnimmst

Ex 30,11–34,35

Neben der wöchentlichen Torah-Lesung werden einige Abschnitte in einem anderen liturgischen Zusammenhang gelesen. So ist Ex 30,11–16 auch die Lesung für den *Schabbat Schkalim*, Ex 32,11–14; 34,1–10 wird zu *Tischa be-Av* gelesen. Außerdem wird Ex 34,6–7 mit den dreizehn »Eigenschaften G'ttes« an allen Feiertagen rezitiert.

Die Haftara zu dieser Parascha ist 1 Könige 18,1–39. Sie schildert den Kampf Elijahus gegen die Baal-Priester.

Einleitung

In dieser Parascha kommt noch einmal das Erzählerische zum Tragen. Es gibt einige Vorschriften zum Heiligtum (kupfernes Becken, Salböl und Räucherwerk) und einige allgemeine, die am Ende der Parascha erlassen werden. Aber dazwischen findet sich die Erzählung vom Gegossenen Kalb, die auch davon berichtet, wie Mosche die Tafeln des Zehnworts zerschmettert. Daran schließt sich die Erzählung an, wie Mosche den Lichtglanz G'ttes auf dem Berg sehen darf.

Um das Besondere an diesen eingeschobenen Erzählungen auszumachen, lohnt ein Blick auf den Kontext, in dem sie stehen: Rundherum geht es ausschließlich um den Bau des Heiligtums und um den Dienst der Kohanim. Vor der Erzählung vom Gegossenen Kalb beauftragt G'tt Mosche mit den Einzelheiten der Ausführung. In der nächsten Parascha (*Wajakhel*) erfahren wir dann, wie Mosche diese Anweisungen an die Bauleute weitergibt. Es geht also auch hier um das Heiligtum, um den Ort, an dem G'tt seinem Volk nahe ist, biblisch gesprochen: Wo G'tt unter den Kindern Jisraels »wohnt«. Bei genauerem Hinsehen thematisiert auch die Erzählung vom Gegossenen Kalb eine solche Nähe: In Mosches Abwesenheit tanzen die Jisraeliten um das goldene Stiergussbild herum, das mitten unter ihnen steht. Als Aharon das sieht, baut er einen Altar und ruft eine Feier aus, und zwar eine Feier für den Ewigen! So gesehen geht es den Jisraeliten also darum, eine Nähe herzustellen, die durch die Abwesenheit Mosches (und damit G'ttes) gefehlt hat. Einer von denen, die das Volk aus Mizrajim herausgeführt haben, soll doch sichtbar sein!

Im Kontrast zwischen dem Zelt der Begegnung und dem Gegossenen Kalb fällt auf, worauf sich die jisraelitische Religion eingelassen hat: durch ein Heiligtum die Nähe G'ttes zu versprechen. Denn grundsätzlich ist es Sache der Götzen, »nahe« zu sein. Wenn also in der Torah G'tt durch das Heiligtum dem Volk »nahe« sein soll, dann bedarf es einer Abgrenzung zur »Götzennähe«. Und der wesentliche Unterschied zwischen dieser Nähe und jener Nähe besteht genau darin, dass die Torah einen immensen Aufwand betreibt, um das Heilige vom Profanen zu trennen, obwohl beides sehr eng zusammenrückt. In das Heiligtum kann eben nicht jeder irgendwie hineinspazieren. Die Errichtung des Heiligtums und der Dienst der Kohanim sollen gerade garantieren, dass die »Nähe G'ttes« gewissermaßen eine »unberührte« bleibt. Das Heilige und das Profane bleiben in ihrer Integrität bestehen. Anders beim gegossenen Kalb: Es handelt sich dabei lediglich um umgeformten Goldschmuck, der nun nicht mehr an den Ohren der Frauen hängt, sondern in der Mitte des Lagers steht. Damit gehört das Gegossene Kalb ausschließlich in den profanen Bereich und ist nicht in der Lage, einen heiligen Raum zu konstituieren. Das unterstreicht noch einmal die Relevanz, die den Kapiteln vom Heiligtum und von den Kohanim in der Torah zukommen. Sie sollen uns in die Lage versetzen, die Nähe G'ttes nicht ins Profane hinein umzudeuten und keine Nähe zu postulieren, wo lediglich ein kumpelhaftes Einvernehmen entstünde, was aber dem Ewigen nicht zu eigen ist.

Die Kinder Jisraels werden gezählt

30,11

וַיְדַבֵּר ה' אֶל מֹשֶׁה לֵּאמֹר:
כִּי תִשָּׂא אֶת רֹאשׁ בְּנֵי יִשְׂרָאֵל לִפְקֻדֵיהֶם
וְנָתְנוּ אִישׁ כֹּפֶר נַפְשׁוֹ לַה' בִּפְקֹד אֹתָם
וְלֹא יִהְיֶה בָהֶם נֶגֶף בִּפְקֹד אֹתָם:
זֶה יִתְּנוּ כָּל הָעֹבֵר עַל הַפְּקֻדִים מַחֲצִית הַשֶּׁקֶל בְּשֶׁקֶל הַקֹּדֶשׁ
עֶשְׂרִים גֵּרָה הַשֶּׁקֶל מַחֲצִית הַשֶּׁקֶל תְּרוּמָה לַה':

Torah-Lesung zu Schabbat Schkalim

Der Ewige hatte Mosche sehr viele Dinge gesagt, wie er das Zelt der Begegnung und die Kleider für die Kohanim herstellen muss. Nun sagte er zu Mosche: »Nimm die Zahl der Kinder Jisraels auf: Alle Männer, die zwanzig Jahre alt sind oder älter, sollst du **zählen**. Und zwar sollen sie dir eine Geldmünze geben, dann kannst du die Geldmünzen zählen. Jeder, ob arm oder reich, soll dir eine Münze geben. Von diesem Geld kannst du viele Geräte für das Zelt der Begegnung bezahlen. Außerdem bringen sich die Jisraeliten so wieder **ins Reine**.«

Ende der Torah-Lesung zu Schabbat Schkalim

Wie das kupferne Becken gebaut werden soll

30,17

Dann sagte der Ewige weiter zu Mosche: »Damit sich Aharon und seine Söhne auch die Hände und Füße **waschen** können, bevor sie in das Zelt der Begegnung eintreten, brauchst du noch ein kupfernes Becken. Das sollst du zwischen das Zelt der Begegnung und den Altar stellen und ganz mit Wasser füllen.

* **Zählen:** Die Kinder Jisraels werden immer wieder gezählt. Neben dieser Stelle hier bereits in Ex 12,37 und Ex 38,26 sowie in Num 1,1–47. Neben einem militärischen Grund (man muss eine kampfbereite Truppe zusammenstellen) ist es auch wichtig, dass das Volk nicht nur eine amorphe Masse ist, sondern aus Einzelpersonen besteht. Schließlich sollen die Gebote später von jedem Einzelnen eingehalten werden. Deshalb werden die Jisraeliten immer dann gezählt, wenn wieder einmal große Verluste zu beklagen sind.

* **Sich ins Reine bringen** ist ein Begriff, der hauptsächlich im Buch *Wajikra* ausführlich Verwendung findet. Meist wird der hebräische Begriff im Deutschen mit »sühnen« übersetzt. Allgemein geht es darum, dass derjenige, der sich ins Reine bringt, wieder tauglich gemacht werden soll, um zum Heiligtum gehen zu können. Im Zusammenhang des folgenden Textes wird die Gabe der Geldmünze als Möglichkeit verstanden, sich ins Reine zu bringen.

* **Waschungen:** Der Übergang vom profanen Bereich in den heiligen wird auch dadurch gekennzeichnet, dass sich die Kohanim waschen müssen. So muss sich Aharon beispielsweise am Jom Kippur mehrmals umziehen und waschen. Deshalb ist das Wasserbecken notwendig.

Wie Salböl und Räucherwerk hergestellt werden sollen

30,22

Dann sollst du ein **Salböl** und auch **Räucherwerk** aus den besten Gewürzen herstellen. Mit dem Salböl sollst du zum Beispiel das Zelt der Begegnung einsalben und den Kasten, in dem die Torah-Tafeln liegen, und alle anderen Dinge, die du für das Heiligtum gebaut hast. Wenn du sie nämlich mit dem Salböl salbst, dann werden alle diese Geräte hochheilig. Und auch Aharon und seine Söhne sollst du damit salben, damit sie als Kohanim dienen können. Und das Räucherwerk benötigst du für den Räucheraltar, denn dort sollst du es verbrennen. Aber denk daran: Das Salböl und das Räucherwerk darfst du nur für das Heiligtum herstellen. Niemand soll es für sich selbst und für sonst einen anderen Zweck herstellen.

* **Salböl und Räucherwerk:** Das Salböl ist für alle Gerätschaften und Personen, die zum Heiligtum gehören, notwendig, um dort überhaupt eine Funktion ausüben zu können. Das Salböl selbst »macht heilig«. Deshalb darf es auch nur für diesen Zweck hergestellt werden (und man darf es auch bis heute nicht für kosmetische Zwecke nachmachen). Dasselbe gilt für das Räucherwerk, das auf dem Räucheraltar verbrannt wird. Daher verbietet schon die Torah die Herstellung ›biblischer Räucherstäbchen‹ für den privaten Gebrauch.

Wer das Heiligtum bauen soll

31,1

Dann sagte der Ewige weiter: »Für all die Arbeiten, die für das Zelt der Begegnung gemacht werden müssen, sollst du kluge und geschickte **Handwerker** aussuchen. Ich habe auch schon an jemanden gedacht. Es ist Bezalel, denn er ist sehr überlegt, einsichtig und klug, und er versteht etwas von den Künsten, die du brauchst, um das Zelt der Begegnung herzustellen. Dann nimm dir den Oholiav dazu, denn auch er ist sehr geschickt. Die sollen also das Zelt der Begegnung und all das, was dazu gehört, anfertigen. Sie sollen es genauso machen, wie ich es dir aufgetragen habe.«

* **Handwerker:** Die Forderung, dass die Bauleute klug und kunstfertig sein sollen, zeigt noch einmal, dass es beim Bau des Heiligtums um mehr geht als das Errichten eines Gebäudes. Es ist eine herausragende Tätigkeit. Die Namen der beiden Bauherrn, Bezalel und Oholiav, tragen das Zelt der Begegnung indirekt in ihren Namen: Bezalel bedeutet »im Schatten/Schutz G'ttes«, und im Namen Oholiav steckt das Wort Zelt »ohel«.

Wann die Arbeit am Bau ruhen soll: Der Schabbat

31,12

Dann sagte der Ewige zu Mosche: »Die Kinder Jisraels sollen auf den **Schabbat** achten, auch wenn sie schon damit begonnen haben, das Zelt der Begegnung herzustellen. Der Schabbat ist sehr wichtig, er ist ein Zeichen zwischen mir und euch, denn ihr sagt mir damit, dass ich es bin, der euch heiligt. Sechs Tage kannst du arbeiten und alles tun, aber am siebten Tag ist Schabbat, und der ist dem Ewigen heilig. Denn in sechs Tagen hat der Ewige den Himmel und die Erde gemacht, aber am siebten Tag hat auch er geruht und tief durchgeatmet.«

Als der Ewige das alles befohlen hatte, da gab er Mosche die Tafeln der Torah, die er selbst beschrieben hatte, damit Mosche zum Volk hinuntergehen und ihnen alles mitteilen konnte, was der Ewige gesagt hatte.

* **Der Schabbat** wird auch in die Erzählung vom Bau des Heiligtums eingeschoben und unterbricht das Bauen. Die Rabbinen haben sich im Hinblick auf die verbotenen Verrichtungen am Schabbat genau hieran orientiert: Alle erwähnten Tätigkeiten sind am Schabbat verboten, da man sie ja selbst für den Bau des Heiligtums am Schabbat unterbrochen hat.

Wie das Volk um das Gegossene Kalb tanzte

32,1

Und in der Tat war das Volk inzwischen unruhig geworden. Denn Mosche war schon eine ganze Weile fort, und sie machten sich Sorgen um ihn. Deshalb gingen sie zu Aharon, um ihm zu sagen, dass sie nicht länger warten könnten. Vermutlich sei Mosche etwas zugestoßen. Nun solle doch Aharon ihnen ein Götterfigürchen machen, das ihnen den Weg durch die Wüste weisen können.

Um Zeit zu schinden, dachte **Aharon** eine ganze Weile nach und verlangte dann von ihnen, dass sie all den Schmuck der Frauen und Mädchen holen sollten: »Wenn ihr das erst mal habt, dann könnt ihr immer noch zu mir kommen!«

Aber Aharon war ganz überrascht, wie schnell alle wieder zurück waren und einen riesigen Berg aus Goldringen angesammelt hatten. Sie hatten sich die Ohrringe förmlich vom Kopf gerissen. Also musste er nun an die Arbeit gehen, und wie er noch so werkelte, entstand daraus ein Gussbild von einem Jungstier. Als es fertig war, kamen vor allem die nicht jisraelitischen Leute, die aus Mizrajim mitgegangen waren, aber den

* **Die Erzählung vom gegossenen Jungstier** gehört im weitesten Sinn zu den Berichten über Jisraels Unzufriedenheit und seine Klagen. Hier werden Mut- und Orientierungslosigkeit thematisiert und das Problem, wie man mit einem unsichtbaren G'tt umgehen kann. Deshalb wird hier das Heiligtum mit dem Gegossenen Kalb konfrontiert. Anders als das Heiligtum bleibt es aber Teil des Volkes. Mit dem Heiligtum wird hingegen versucht, das Aufgehen von Heiligem im Profanen zu verhindern, indem zwei Räume und zwischen ihnen eine strikte Trennung geschaffen wird, die nur ritualisiert und durch bestimmte Personen (die Kohanim) überwunden werden kann.

* **Aharon:** Nach dem biblischen Text ist Aharon als Kohen nicht ganz frei von Schuld, dass es zu einem gegossenen Kalb kam. Die jüdische Tradition dagegen kennt mildernde Umstände, indem sie betont, dass Aharon darum bemüht war, das Gießen des Kalbes lange hinauszuzögern – in der Hoffnung, dass Mosche rechtzeitig zurückkäme. Es war sogar ursprünglich einmal üblich, diese Textstelle (neben anderen) für das einfache Volk nicht zu übersetzen, um Aharon nicht bloßzustellen.

Ewigen und Mosche noch nicht so gut kannten, angerannt und schrien: »Das sind deine Götter, Jisrael, die dich aus Mizrajim herausgeführt haben!«

Da sagte Aharon zum Volk: »Nun wartet ab! Morgen wollen wir ein Fest für den Ewigen feiern.« Und um sie hinzuhalten, baute er einen Altar, in der Hoffnung, dass Mosche inzwischen zurückkommen würde. Aber Mosche kam noch immer nicht. Vielmehr war das Volk schon früh am Morgen munter und brachte seinem neuen Götterfigürchen verschiedene Tiergeschenke. Und sie veranstalteten ein großes Festessen und feierten ganz ungezügelt.

Als der Ewige das hörte, sagte er zu Mosche: »Es ist nun hohe Zeit zu gehen! Denn das Volk ist verrückt geworden, hat sich ein gegossenes Kalb gemacht, und als sei dies nicht genug, bedankt es sich bei ihm noch für den Auszug aus Mizrajim! Sie sind wirklich undankbar! Ich will dieses Volk nicht mehr, Mosche! Ich nehme dich und mache dich zu einem großen Volk!«

32,11–14

וַיְחַל מֹשֶׁה אֶת פְּנֵי ה' אֱלֹהָיו וַיֹּאמֶר לָמָה ה' יֶחֱרֶה אַפְּךָ בְּעַמֶּךָ
אֲשֶׁר הוֹצֵאתָ מֵאֶרֶץ מִצְרַיִם בְּכֹחַ גָּדוֹל וּבְיָד חֲזָקָה:
לָמָּה יֹאמְרוּ מִצְרַיִם לֵאמֹר
בְּרָעָה הוֹצִיאָם לַהֲרֹג אֹתָם בֶּהָרִים וּלְכַלֹּתָם מֵעַל פְּנֵי הָאֲדָמָה
שׁוּב מֵחֲרוֹן אַפֶּךָ וְהִנָּחֵם עַל הָרָעָה לְעַמֶּךָ:
זְכֹר לְאַבְרָהָם לְיִצְחָק וּלְיִשְׂרָאֵל עֲבָדֶיךָ אֲשֶׁר נִשְׁבַּעְתָּ לָהֶם בָּךְ
וַתְּדַבֵּר אֲלֵהֶם אַרְבֶּה אֶת זַרְעֲכֶם כְּכוֹכְבֵי הַשָּׁמָיִם
וְכָל הָאָרֶץ הַזֹּאת אֲשֶׁר אָמַרְתִּי אֶתֵּן לְזַרְעֲכֶם וְנָחֲלוּ לְעֹלָם:
וַיִּנָּחֶם ה' עַל הָרָעָה אֲשֶׁר דִּבֶּר לַעֲשׂוֹת לְעַמּוֹ:

Torah-Lesung für Mincha an Tischa be-Av sowie für Schacharit und Mincha an gewöhnlichen Fasttagen

Aber als Mosche das hörte, warf er sich auf den Boden und flehte den Ewigen an: »Du hast dieses Volk so machtvoll aus Mizrajim hinaus- und bis hierhergebracht. Weshalb willst du dich ausgerechnet jetzt gegen dieses Volk wenden? Damit alles umsonst ist? Sollen die Leute aus Mizrajim etwa sagen können: ›Ha! Er hat sie hinterhältig bis zum Berg geführt, um sie dann zu vernichten!‹ Nein! Tu das nicht! Geh nicht gegen dieses Volk vor, hab Mitleid! Und denk auch an unsere Väter, an Avraham, an Jizchak und an Jaakov und an das, was du ihnen versprochen hast. Du hast ihnen doch geschworen, dass ihre Nachkommen in das Land ziehen werden. Da willst du sie jetzt vernichten?« Da tat es dem Ewigen leid, dass er dem Volk so viel Unheil an den Hals gewünscht hatte, und er überlegte es sich noch einmal.

Ende der Torah-Lesung für Mincha an Tischa be-Av

Dann stieg Mosche vom Berg hinunter, die beiden Tafeln der Torah in der Hand, die G'tt selbst gemacht und auch auf der Vorder- und Rückseite selbst beschrieben hatte. Und Jehoschua begleitete ihn.

Als die beiden einen lauten Tumult hörten, fürchtete Jehoschua, dass es Kriegsgeschrei sei. Aber Mosche wusste bereits, was im Gange war und sagte nur: »Das ist kein Kriegsgeschrei, das ist feuchtfröhlicher Gesang, ein Gegröle ist das!«

Als sie nun ganz nach unten kamen, sahen sie alles: In der Mitte des Lagers stand das gegossene Kalb und alle hüpften darum herum. Wie Mosche das Treiben so sah, wurde er sehr zornig, warf die Tafeln der Torah auf den Boden, dass sie zerschmetterten, rannte zum Kalb, nahm es und warf es ins Feuer. Dort ließ er es zerschmelzen, zermalmte es zu Pulver und streute es ins Wasser. Dann gab er davon den Kindern Jisraels zu trinken. Anschließend lief er zu Aharon und wollte wissen, was geschehen sei. Und Aharon sagte nur: »Du weißt doch, wie dieses Volk ist. Immer nur Böses hat es im Sinn, und ich konnte nichts gegen es ausrichten.« Und er erzählte ihm die ganze Geschichte.

Da stellte sich Mosche am Eingang des Lagers auf und rief dem Volk zu: »Wer für den Ewigen ist, der soll zu mir her treten!« Und sofort sammelten sich die Söhne Lewis um Mosche. Da sagte Mosche zu ihnen: »Legt eure Schwerter um und geht

durch das Lager und erschlagt alle, die hier mitgemacht haben.« Und das taten die **Lewijim** auch. An diesem Tag starben im Volk um die dreitausend Leute.

32,31–33

וַיָּשָׁב מֹשֶׁה אֶל ה' וַיֹּאמַר
אָנָּא חָטָא הָעָם הַזֶּה חֲטָאָה גְדֹלָה וַיַּעֲשׂוּ לָהֶם אֱלֹהֵי זָהָב׃
וְעַתָּה אִם תִּשָּׂא חַטָּאתָם
וְאִם אַיִן מְחֵנִי נָא מִסִּפְרְךָ אֲשֶׁר כָּתָבְתָּ׃
וַיֹּאמֶר ה' אֶל מֹשֶׁה מִי אֲשֶׁר חָטָא לִי אֶמְחֶנּוּ מִסִּפְרִי׃

Am andern Tag ging Mosche aber wieder den Berg hinauf und bat den Ewigen, auf das Volk nicht allzu böse zu sein. Da sagte der Ewige: »Ich werde nur die bestrafen, die sich gegen mich aufgelehnt haben. Aber geh nun zum Volk und geh mit ihnen dorthin, wohin ich dir es sagen werde. Aber ich werde nicht mit euch gehen. Ich schicke nur einen Boten, der euch den Weg zeigt, denn ihr seid ein zu störrisches Volk.« Da wurde das Volk ganz traurig, und zum Zeichen, dass sie es auch wirklich ernst meinten, legten sie all ihren Schmuck ab.

* **Lewijim:** Der biblische Text ist recht erbarmungslos: Die Lewijim gehen hin und töten unter den Jisraeliten all diejenigen, die bei dem Kult des gegossenen Kalbes mitgemacht haben. Dass die Anordnung dazu von Mosche selbst kommt, steht im Kontrast zu den umrahmenden Geschichten, in denen Mosche den Ewigen stets darum bittet, das Volk trotz seines Vergehens zu verschonen. Dass die Torah beides nebeneinander stehen lässt, zeigt zum einen, dass sie doch die notwendigen Konsequenzen fehlerhaften Tuns fordert, gleichzeitig aber auch schuldhafte Verstrickung nicht unter den Tisch kehrt. Der Talmud (bMeg 25b) besteht darauf, dass diese Erzählung im G'ttesdienst vorgelesen, allerdings nicht unbedingt übersetzt werden müsse, damit Jisrael sich mit seiner Schuld auseinandersetzen kann, ohne anderen Völkern seine Schwachstellen in die Hände spielen zu müssen.

Das Zelt der Begegnung

33,7

Als Mosche vom Berg zurückkam, nahm er sein Zelt und schlug es außerhalb des Lagers auf. Das Zelt nannte er »**Begegnungszelt**«, weil er sich hier immer mit dem Ewigen besprach. Und immer dann, wenn er mit dem Ewigen sprach, konnte man die Wolke am Eingang zum Zelt sehen. Auch konnte jeder, der den Ewigen suchte, zu diesem Begegnungszelt gehen.

* **Zelt der Begegnung und Begegnungszelt:** In dieser Erzählung wird vom *ohel moed* als dem Begegnungszelt gesprochen, das Mosche außerhalb des Lagers aufgeschlagen hatte, obwohl das Zelt der Begegnung, das später als Heiligtum dienen sollte, erst in Paraschat *Pekude* von Mosche aufgebaut wird. Auch dies relativiert die Strafen, die der Ewige angekündigt hatte, z. B. nicht mehr selbst mit den Kindern Jisraels durch die Wüste ziehen zu wollen: Es gibt vielmehr schon jetzt einen Ort, zu dem man gehen kann, wenn man den »Ewigen sucht«. Aber dieses Zelt befindet sich eben nicht inmitten des Lagers, sondern außerhalb.

Da redete er also mit dem Ewigen und sagte ihm: »Schau, Ewiger, du möchtest, dass ich dieses Volk führe. Aber wer mir dabei helfen soll, hast du noch nicht gesagt. Wenn du mir helfen willst, dann musst du mir schon den Weg, den wir zu gehen haben, zeigen. Das Beste wäre überhaupt, wenn du in unserer Mitte mitziehen würdest, dann könnten alle Völker daran erkennen, dass wir dein Volk und unter allen anderen Völkern ausgezeichnet sind.«

Und ganz zu Mosches Überraschung hatte der Ewige auch nichts dagegen und sagte ihm: »Also gut, damit du beruhigt bist: Mein Lichtglanz wird mitgehen.« Da wollte Mosche diesen Augenblick ausnutzen und bat gleich noch einmal um mehr, indem er ihm sagte: »Ach, Ewiger, wenn ich nur einmal **dich sehen** könnte und deinen ganzen Lichtglanz.« Aber der Ewige sagte: »Das kannst du nicht, wie es keinem Menschen möglich ist, mich in der ganzen Fülle zu sehen. Aber einen kleinen Teil von meinem Glanz, einen Abglanz davon, den kannst du sehen, oben auf dem Berg.«

* **Dich sehen:** Nun verspricht der Ewige, doch »selbst« unter den Jisraeliten mitzuziehen (obwohl er dies gerade noch abgelehnt und nur einen Boten versprochen hatte). Und Mosche legt gleich nach und möchte G'tt »selbst« sehen. Das wird aber harsch abgelehnt, weil es unmöglich ist. Hier macht die Torah also eine deutliche Aussage: G'tt kann noch so eng mit dem Volk oder der Welt verbunden sein, zu »G'tt selbst« wird man nie vordringen können. Das Judentum hält diese Differenz zwischen G'tt und dem Menschen stets wach.

Die neuen Tafeln der Torah

34,1

Torah-Lesung für Mincha an Tischa be-Av sowie für Schacharit und Mincha an gewöhnlichen Fasttagen (Fortsetzung)

Dann sagte der Ewige zu Mosche: »Komm also auf den Berg. Bevor du aber kommst, sollst du dir noch einmal zwei Steine behauen. Du hast ja die ersten Tafeln zerbrochen. Auf diese zweiten Tafeln möchte ich die Worte, die ich vorher schon geschrieben habe, noch einmal schreiben. Mach dich also für morgen früh bereit. Aber denk daran: Niemand darf mit dir gehen.«

34,4–5

וַיִּפְסֹל שְׁנֵי לֻחֹת אֲבָנִים כָּרִאשֹׁנִים וַיַּשְׁכֵּם מֹשֶׁה בַבֹּקֶר וַיַּעַל אֶל הַר סִינַי
כַּאֲשֶׁר צִוָּה ה' אֹתוֹ וַיִּקַּח בְּיָדוֹ שְׁנֵי לֻחֹת אֲבָנִים:
וַיֵּרֶד ה' בֶּעָנָן וַיִּתְיַצֵּב עִמּוֹ שָׁם וַיִּקְרָא בְשֵׁם ה':

Am anderen Morgen machte Mosche sich noch einmal zwei Tafeln aus Stein und stieg den Berg hinauf. Und da geschah es: Der Berg war ganz in eine Wolke gehüllt, und plötzlich stand der Ewige ganz nah bei ihm und ging an ihm vorüber.

34,6–7

Rezitation an den Feiertagen vor dem Ausheben der Torah

וַיַּעֲבֹר ה' עַל פָּנָיו וַיִּקְרָא ה' ה' אֵל רַחוּם וְחַנּוּן
אֶרֶךְ אַפַּיִם וְרַב חֶסֶד וֶאֱמֶת:
נֹצֵר חֶסֶד לָאֲלָפִים נֹשֵׂא עָוֺן וָפֶשַׁע וְחַטָּאָה וְנַקֵּה
לֹא יְנַקֶּה פֹּקֵד עֲוֺן אָבוֹת
עַל בָּנִים וְעַל בְּנֵי בָנִים עַל שִׁלֵּשִׁים וְעַל רִבֵּעִים:
וַיְמַהֵר מֹשֶׁה וַיִּקֹּד אַרְצָה וַיִּשְׁתָּחוּ:

Und wie er so ging, rief er: »**Ewiger, Ewiger,** barmherziger, gnädiger und geduldiger G'tt, voller Gnade und Treue, der Gutes nicht nur an euch, sondern auch an euren Kindern, Enkeln und Urenkeln tut, aber auch alles Schlechte, das ihr verübt, lange im Gedächtnis behält und euch und eure Kinder und Enkel bestraft.« Da warf sich Mosche zu Boden und rief: »Ach, Ewiger, wenn du nur diesem Volk verzeihen könntest!«

Ende der Torah-Lesung zu Mincha an Tischa be-Av

Da sagte der Ewige zu Mosche: »Ich will dem Volk noch einmal verzeihen und mit ihm einen **Vertrag** schließen. Ich werde dir in dem Land, das ich versprochen habe, Platz schaffen, damit du dort wohnen kannst. Aber du sollst mit den anderen Völkern nicht zu eng zusammenleben. Sonst betest du noch deren Göttergestalten an. Und das will ich nicht. Du sollst überhaupt sehr darauf achten, was ich dir jetzt sage:

Du sollst dir nie wieder Göttergestalten machen oder von anderen Völkern Götterbilder nehmen.

Du sollst das Fest der Mazzot feiern und sieben Tage lang Mazzot essen.

Jedes Erstgeborene eines Tieres gehört mir. Auch die ersten Jungen von euch gehören mir. Und du sollst Geld dafür bezahlen, damit sie dir wieder gehören.

* **Ewiger, Ewiger:** Die dreizehn Eigenschaften G'ttes *(middot)* werden hier im Zusammenhang mit den zweiten Tafeln der Torah aufgelistet. Sie werden in der Bibel recht häufig zitiert und haben Eingang in die Liturgie gefunden: So werden sie vor dem Ausheben der Torah an den Feiertagen gelesen. Sie stellen angesichts der wiederkehrenden Erzählungen vom »Zorn« G'ttes eine deutliche Betonung seiner Barmherzigkeit dar.

* **Vertrag:** Nachdem das Volk mit dem gegossenen Kalb den Vertrag (*brit*) mit G'tt das erste Mal gebrochen hat, ist eine neue Vertragsbesiegelung notwendig. Wieder werden Tafeln aus Stein beschrieben, wieder erscheint G'tt dem Mosche und wieder werden Gebote einzeln aufgezählt, auf die das Volk verpflichtet wird. Allerdings beinhaltet die Aufzählung diesmal auch andere Gebote, die sehr viel stärker am Ritual orientiert sind und weniger an einer Ethik.

Sechs Tage darfst du deiner Arbeit nachgehen, aber am siebten Tag sollst du ruhen.

Feiere auch Schavuot, das Wochenfest, das Fest der Erstlinge, und dann feiere auch das Fest der Einsammlung, Sukkot.

Dreimal im Jahr sollt ihr vor mir im Heiligtum erscheinen.

Das, was du als Erstes auf deinem Feld erntest, sollst du in das Heiligtum bringen.

Das Jungtier sollst du nicht in der Milch seiner Mutter kochen.«

Ende der Torah-Lesung Chol ha-Moed Pessach und Sukkot

34,27–28

וַיֹּאמֶר ה' אֶל מֹשֶׁה כְּתָב לְךָ אֶת הַדְּבָרִים הָאֵלֶּה
כִּי עַל פִּי הַדְּבָרִים הָאֵלֶּה כָּרַתִּי אִתְּךָ בְּרִית וְאֶת יִשְׂרָאֵל׃
וַיְהִי שָׁם עִם ה' אַרְבָּעִים יוֹם וְאַרְבָּעִים לַיְלָה
לֶחֶם לֹא אָכַל וּמַיִם לֹא שָׁתָה
וַיִּכְתֹּב עַל הַלֻּחֹת אֵת דִּבְרֵי הַבְּרִית עֲשֶׂרֶת הַדְּבָרִים׃

Und der Ewige sagte zu Mosche: »Und nun schreib dies alles auf, und dann schließen wir miteinander einen Vertrag.« Und Mosche blieb vierzig Tage und Nächte auf dem Berg beim Ewigen. Er aß nichts, und er trank nichts. Er schrieb die Worte auf die **Tafeln**, die Zehn Worte des Vertrags.

* **Die Tafeln** bringt Mosche diesmal sicher vom Berg hinab. Auch verhalten sich die Jisraeliten nun so, dass ein erneutes Erzürnen nicht nötig ist. Mit dem Ende dieser Parascha tritt somit der Vertrag zwischen G'tt und den Jisraeliten in Kraft. Was die Jisraeliten allerdings nicht daran hindern wird, nach wie vor zeternd und meckernd durch die Wüste zu ziehen und immer wieder Fehler zu machen oder mit ihrem G'tt zu hadern (siehe das Buch *Bamidbar*).

Und als er damit fertig war, nahm er die Tafeln und stieg den Berg Sinai hinunter. Aber Mosche wusste nicht, dass sein Gesicht ganz hell strahlte, weil er mit dem Ewigen geredet hatte. Und Aharon und alle Kinder Jisraels kamen Mosche entgegen gerannt. Aber als sie sahen, wie Mosches Gesicht in ganz besonderer Weise strahlte, bekamen sie Angst und trauten sich nicht, näherzukommen. Aber Mosche rief ihnen zu, dass alles in Ordnung sei. Da kamen sie Mosche entgegen, und sie nahmen ihn in Empfang. Von nun an bedeckte Mosche sein Gesicht immer dann, wenn es zu sehr strahlte.

Als alle Kinder Jisraels um Mosche herumstanden, da lehrte Mosche sie all die Gebote, die der Ewige ihnen aufgetragen hatte.

PARASCHAT WAJAKHEL –
Und er versammelte

Ex 35,1–38,20

Diese Parascha findet in der Liturgie keinen nennenswerten Widerhall.

Die Haftara zu dieser Parascha ist 1 Könige 7,40–50, in der von der Herstellung der Gerätschaften für Schlomos Tempel berichtet wird.

Einleitung

In dieser Parascha findet nun der Bau des Heiligtums und die Herstellung von dessen Geräten statt. Im Wortlaut unterscheidet sich diese Parascha kaum von Paraschat *Truma*, lediglich die Reihenfolge hat sich wesentlich verändert. Hörte die Anweisung des Baus für das Heiligtum in Paraschat *Ki Tissa* beispielsweise mit dem Schabbat auf, so beginnt diese nun mit dem Schabbat-Gebot.

Bei der Darstellung der Anweisungen wird eher von innen nach außen gearbeitet, sodass zuerst das Interieur behandelt wird, danach die Wohnung. So wird in den hiesigen Ausführungen zuerst die Wohnung und der Trennvorhang dargestellt, danach das gesamte Interieur und zum Schluss der Hof. Besondere Bedeutung bekommt in dieser Parascha die Person Bezalel als der verantwortliche Künstler für den Bau und die Herstellung aller Gerätschaften.

Wann der Bau ruhen soll: Der Schabbat

35,1

וַיַּקְהֵל מֹשֶׁה אֶת כָּל עֲדַת בְּנֵי יִשְׂרָאֵל וַיֹּאמֶר אֲלֵהֶם
אֵלֶּה הַדְּבָרִים אֲשֶׁר צִוָּה ה' לַעֲשֹׂת אֹתָם:
שֵׁשֶׁת יָמִים תֵּעָשֶׂה מְלָאכָה וּבַיּוֹם הַשְּׁבִיעִי יִהְיֶה לָכֶם קֹדֶשׁ
שַׁבַּת שַׁבָּתוֹן לַה' כָּל הָעֹשֶׂה בוֹ מְלָאכָה יוּמָת:
לֹא תְבַעֲרוּ אֵשׁ בְּכֹל מֹשְׁבֹתֵיכֶם בְּיוֹם הַשַּׁבָּת:

Da versammelte Mosche alle Kinder Jisraels um sich und sagte zu ihnen: »Jetzt muss ich euch sagen, was der Ewige alles zu tun befohlen hat. Sechs Tage könnt ihr arbeiten, aber der siebte Tag ist der heilige **Schabbat**, und da dürft ihr nichts arbeiten, da sollt ihr für den Ewigen feiern. Wir dürfen an unseren Wohnorten noch nicht einmal Feuer machen.«

* **Schabbat:** Das Schabbat-Gebot am Beginn des Baus betont noch einmal seine Bedeutung. Neu ist hier das Verbot, in Privathaushalten Feuer anzuzünden. Auf das Heiligtum trifft das nicht zu, dort ging der tägliche Opferdienst auch am Schabbat weiter.

Woraus die Wohnung gebaut wurde

35,4

»Ihr sollt mir nun allerlei Dinge bringen«, sprach Mosche weiter. »Jeder, der kann, soll mir etwas bringen. Ich brauche Gold, Silber und Kupfer, Wolle in den schönsten Farben, vor allem wieder Rot- und Violetttöne, Stoffe und Felle. Auch gutes Akazienholz, Olivenöl, Gewürze und besonders schöne Edelsteine brauche ich. **Alle, die sehr geschickt sind**, sollen kommen, damit sie alles, was ich brauche, auch herstellen können.

Sofort gingen alle nach Hause und kamen kurze Zeit später wieder zu Mosche zurück. Und jeder brachte irgendetwas, das er dem Ewigen schenken wollte. Manche brachten Ringe und Armbänder, andere brachten die schönste Wolle oder auch Felle. Wieder andere brachten Silber oder Kupfer oder Akazienholz. Frauen taten sich zusammen und spannen mit eige-

* **Alle, die sehr geschickt sind:** Stärker als in Paraschat *Truma* wird hier betont, dass alle, die handwerklich geschickt waren, am Bau des Heiligtums bzw. von dessen Inventar mitarbeiteten. Wenn man bedenkt, dass zwischen beiden Erzählungen zu den Bauleuten die Episode um das Gegossene Kalb steht, so kann man darin einen Hinweis sehen, dass die Kinder Jisraels nach der großen »Sünde« um das richtige Tun besonders bemüht waren.

nen Händen Wolle und feines Leinen. So brachten alle Männer und Frauen, jeder wie er konnte, freiwillig und ohne zu murren, ihre Spenden herbei.

Dann sagte Mosche: »G'tt hat an Bezalel gedacht, der alle Arbeiten machen könnte. Denn Bezalel ist sehr klug und hat sehr geschickte Hände. Er weiß am besten, wie man das Heiligtum herstellen kann. Und Oholiav kann ihm dabei helfen. Denn auch er ist ein sehr geschickter Handwerker.«

Und so ging Mosche zu Bezalel und Oholiav und sagte ihnen, dass sie das Heiligtum bauen dürften. Und er gab ihnen all die Spenden, die die Kinder Jisraels zusammengetragen hatten.

Aber die Kinder Jisraels sammelten noch immer Spenden für den Ewigen ein, sodass Bezalel bald rief, dass es genug sei. So ließ Mosche im ganzen Lager ausrufen, dass niemand mehr irgendetwas spenden müsse, es sei so viel da, dass bestimmt auch noch etwas übrig bleibe.

Wie die Wohnung gebaut wurde

36,8

So fingen also die Künstler an, die Wohnung zu bauen. Zuerst stellten sie Teppiche aus verschiedenfarbiger Wolle her, vor allem aus vielen Rot- und Violetttönen. Und in die Teppiche webten sie Kruvim, die geflügelten Figürchen, ein. Mit diesen Teppichen bildeten sie das Dach und die Wände der Wohnung. Deshalb nähten sie die Teppiche auch gut zusammen.

Danach stellten sie weitere Teppiche her, diesmal aus Ziegenhaar. Diese dienten als Dach für die Wohnung. Elf solcher Teppiche fertigten sie an. Dann nähten sie fünf Teppiche zusammen, brachten wiederum Schleifen an und knoteten sie mit Hilfe von Spangen zusammen. Dies machten sie anschließend mit den übrigen sechs Teppichen ebenso.

Danach machten sie Decken für das Zelt. Diese Decken bestanden aus rotgefärbten Fellen. Und über diesen Decken war noch eine weitere Decke nötig, die sie ebenfalls aus Fellen herstellten.

Dann machten sie Balken und Latten, über die sie die Teppiche und Decken legen konnten. Sie nahmen also die Balken, legten sie aneinander, steckten sie in silberne Füßchen und bildeten damit die Wände rundherum. Mit Querlatten sorgten sie dafür, dass die Bretter beieinanderblieben und nicht umfielen. Dann überzogen sie die Balken und Latten mit Gold, damit die Wohnung auch schön aussah.

Wie der Trennvorhang hergestellt wurde

36,35
Dann machten sie sich an den Trennvorhang. Mit ihm sollte ja die Wohnung in einen heiligen und einen allerheiligsten Bereich unterteilt werden. Sie nahmen für diesen Vorhang Wolle aus verschiedenen Farben, wobei wieder vor allem die Rot- und Violetttöne verwendet wurden, und webten auch hier die geflügelten Figürchen, die Kruvim, zur Zierde ein.

Danach nahmen sie vier Säulen aus Akazienholz, die sie mit Gold überzogen hatten, und befestigten daran den Vorhang. So konnte der Kasten mit der Torah in den allerheiligsten Bereich gestellt werden.

Danach gingen sie daran, auch einen Vorhang für den Eingang in die Wohnung herzustellen. Auch dieser war aus verschiedenfarbigen roten und violetten Wollfäden gefertigt, und sie hingen auch ihn an Säulen auf. Und so wurde die Wohnung fertig.

Wie der heilige Kasten gebaut wurde

37,1
Dann ging Bezalel daran, den **Kasten** für die Torah herzustellen. Aus Akazienholz zimmerte er diesen Kasten und überzog ihn danach mit Gold, damit er schön glänzte. An den vier

* **Der Kasten:** Auch hier fällt die veränderte Reihenfolge auf: War in Paraschat *Truma* der Kasten das Erste, was beschrieben wurde, so wird er hier von den Bauleuten erst gebaut, als die Wohnung soweit fertig ist. So hatte der Kasten also von vornherein seinen Ort und musste nicht etwa schutzlos draußen herumstehen. In den zwei Varianten der Erzählreihenfolge zeigt sich eine Parallele zur Schöpfungsgeschichte: Dort steht die Erschaffung des Menschen im ersten Bericht am Ende, bei der Geschichte vom Gan Eden aber am Anfang.

Ecken befestigte er goldene Ringe, in die man goldene Stangen stecken konnte. Mit diesen Stangen konnte man den Kasten bequem durch die Wüste tragen.

Den Kasten verschloss er mit einem Deckel, der ganz genau passte. Diesen machte er ganz aus Gold, und zwei goldene Figürchen mit Flügeln arbeitete er aus dem Gold heraus. Und diese beiden Kruvim breiteten ihre Flügel weit über sich aus, sodass auch der Deckel von den Flügeln bedeckt wurde. Und sie waren einander zugewandt, hatten aber den Blick nach unten gerichtet.

Wie der Tisch gebaut wurde

37,10

Nachdem der Kasten fertig war, zimmerte er einen Tisch, den er ebenfalls mit Gold überzog, damit er schön glänzte. Und auch hier brachte er an den Ecken goldene Ringe an, in die man Stangen stecken konnte. Denn auch den Tisch sollte man bequem tragen können.

Dann fertigte er für den Tisch ein Gestänge an, auf das man die Brote legen konnte. Denn der Tisch sollte ja dafür da sein, dass sich immer Brote darauf befanden.

Wie die Menora gebaut wurde

37,17–18

וַיַּעַשׂ אֶת הַמְּנֹרָה זָהָב טָהוֹר
מִקְשָׁה עָשָׂה אֶת הַמְּנֹרָה יְרֵכָהּ וְקָנָהּ
גְּבִיעֶיהָ כַּפְתֹּרֶיהָ וּפְרָחֶיהָ מִמֶּנָּה הָיוּ:
וְשִׁשָּׁה קָנִים יֹצְאִים מִצִּדֶּיהָ
שְׁלֹשָׁה קְנֵי מְנֹרָה מִצִּדָּהּ הָאֶחָד וּשְׁלֹשָׁה קְנֵי מְנֹרָה מִצִּדָּהּ הַשֵּׁנִי:

Nun ging er daran, den Leuchter, die Menora, anzufertigen. Das machte er so, dass er aus einem Goldblock den Leuchter herausarbeitete. Dazu bildete er einen Schaft nach oben, aus dem sechs Arme herausragten, auf jeder Seite drei. Und am

Schaft und an den Armen brachte er überall die schönsten Verzierungen an, die wie Kelche, kugelige Griffe oder Blumen aussahen.

Oben auf den Armen setzte er Ölbehälter auf, in die man das Öl gießen konnte. Der ganze Leuchter war aus einem Stück gemacht, und er war ganz aus Gold.

Wie der Räucheraltar hergestellt wurde

37,25
Dann machte er sich daran, den Räucheraltar aus Akazienholz zu bauen. Das Besondere dabei war, dass er an den vier Ecken so etwas wie Hörner herausarbeitete. Auch diesen Altar überzog er ganz mit Gold. Ebenso befestigte er an den vier Ecken goldene Ringe, in die man Stangen stecken konnte. So konnte man auch den Altar bequem tragen.

Danach machte er sich daran, das besondere Salböl und die besonderen Gewürze herzustellen.

Wie der kupferne Altar gebaut wurde

38,1
Als Nächstes begann er damit, auch den anderen Altar, den für die Tiere, anzufertigen. Hierzu nahm er erneut Akazienholz, und auch diesmal formte er an den vier Ecken so etwas wie Hörner. Diesen Altar überzog er ganz mit Kupfer. Dann machte er mit den Geräten weiter, den Töpfen und Gabeln, die für diesen Altar gebraucht wurden. An den vier Ecken des Altars befestigte er bronzene Ringe, in die man Stangen hineinstecken konnte. So konnte man auch diesen Altar bequem tragen.

Wie das kupferne Becken gebaut wurde

38,8

Dann baute er das Waschbecken. Er fertigte es aus Kupfer, wie auch das Gestell, in dem das Becken stehen sollte. Das Besondere daran war, dass er dazu alle Kupferspiegel nahm, die die Frauen gespendet hatten.

Wie der äußere Hof gebaut wurde

38,9

Danach machte er sich daran, um die Wohnung herum einen Hof zu bauen. Er errichtete Wände, die um die Wohnung herumführten, und stellte dafür als Erstes Säulen und Teppiche her. An der Vorderseite des Hofes ließ er eine Stelle offen, die als Eingang dienen sollte. Auch hier hing er einen Vorhang auf, der aus verschiedenfarbigen roten und violetten Wollfäden gefertigt war. Und so wurde der Hof fertig.

PARASCHAT PEKUDE – Auflistungen

Ex 38,21–40,38

Diese Parascha wird im jährlichen Lesezyklus gelesen und hat keinen weiteren Widerhall in der Liturgie gefunden.

Als Haftara wird 1 Könige 7,51–8,21 gelesen, also wiederum ein Stück aus der Erzählung vom Tempelbau Schlomos.

Einleitung

Dies ist nun die letzte Parascha des Buches *Schemot*. Meist wird sie zusammen mit der vorangehenden Parascha *Wajakhel* gelesen. Lediglich in Jahren, in denen der Schaltmonat Adar II eingeschoben wird, wird diese Parascha an einem eigenen Schabbat gelesen: Auf einen Zeitraum von neunzehn Jahren kommen insgesamt sieben Schaltjahre (im 3., 6., 8., 11., 14., 17. und 19. Jahr), in denen es durch den Schaltmonat Adar II mehr Monate im Jahr und damit auch mehr Schabbatot gibt. Dann werden die Doppel-Paraschijot getrennt gelesen.

Hauptthema sind in dieser Parascha die Kleidungsstücke für die Kohanim, die Bezalel und vor allem Oholiav anfertigen. Damit sind alle Arbeiten und Gegenstände, die das Heiligtum betreffen, ausgeführt und hergestellt. Mosche wird nun beauftragt, das Heiligtum aufzustellen und alle Gerätschaften, die in das Heiligtum gehören, am richtigen Ort zu platzieren. Hier ist es Mosche, der diese Arbeiten verrichtet, später sind die Lewijim für den Auf- und Abbau, aber auch für den Transport des Heiligtums zuständig.

Damit hat das Buch *Schemot* einen großen thematischen Bogen geschlagen, der bei der Unterdrückung der Jisraeliten in Mizrajim beginnt und dann über den Auszug und die Wanderung zum Berg Sinai bis zur Beschreibung des Heiligtums

Salomo | Sabbat | Oholiab | Leviten | Ägypten

führt. Ausführlich wird dargestellt, wie ein Volk konstituiert wird. Und dies beginnt eben mit der physischen Herstellung einer Einheit (Trennung von Mizrajim) und endet mit einem zentralen kultischen Bau (dem Heiligtum), auf das hin das Volk ausgerichtet ist. Dazu kommen die wichtigsten Gesetze, die das Zusammenleben des Volkes ermöglichen.

Itamar berechnet und listet das Material auf

38,21

אֵלֶּה פְקוּדֵי הַמִּשְׁכָּן מִשְׁכַּן הָעֵדֻת אֲשֶׁר פֻּקַּד עַל פִּי מֹשֶׁה
עֲבֹדַת הַלְוִיִּם בְּיַד אִיתָמָר בֶּן אַהֲרֹן הַכֹּהֵן:
וּבְצַלְאֵל בֶּן אוּרִי בֶן חוּר לְמַטֵּה יְהוּדָה
עָשָׂה אֵת כָּל אֲשֶׁר צִוָּה ה' אֶת מֹשֶׁה:
וְאִתּוֹ אָהֳלִיאָב בֶּן אֲחִיסָמָךְ לְמַטֵּה דָן חָרָשׁ וְחֹשֵׁב
וְרֹקֵם בַּתְּכֵלֶת וּבָאַרְגָּמָן וּבְתוֹלַעַת הַשָּׁנִי וּבַשֵּׁשׁ:

Nun standen die Auflistungen an, die für den Bau der Wohnung gemacht werden mussten. Und Mosche hatte diese Aufgabe Itamar, dem Sohn Aharons, übertragen. Und **Bezalel** führte alle Arbeiten zusammen mit Oholiav aus.

Und alles Gold, alles Silber und alles Kupfer war sehr viel, und es reichte für die Geräte des Heiligtums und für das Heiligtum selbst, das Bezalel und Oholiav angefertigt hatten. Und Bezalel hatte alles so gemacht, wie es der Ewige dem Mosche angeordnet hatte.

* **Bezalel:** Weshalb heißt es in diesem Text immer wieder, dass Bezalel alles genauso gemacht habe, wie der Ewige es gegenüber Mosche angeordnet hatte? Immerhin ist die Ausführung eben nicht genau identisch, zumindest ist die Reihenfolge anders. Hierzu bemerkt Raschi, dass Bezalel es für angebracht hielt, die Dinge so auszuführen, wie sie in der Welt üblich seien, und das bedeutete, dass zuerst das Haus gebaut werde, um danach das Interieur hineinzustellen. Bereits hier räumt Raschi also eine gewisse Freiheit der Deutung ein, wenn es darum geht, das, was auf dem Sinai angeordnet wurde, in der Welt zu realisieren.

Wie sie die Kleidung herstellten

39,1
Aber nun mussten Bezalel und vor allem Oholiav noch die verschiedenen Kleidungsstücke für Aharon und seine Söhne herstellen. Und das machten sie sehr genau: genauso, wie es ihnen Mosche gesagt hatte.

Zuerst machten sie den Efod aus feinen Stoffen und Wolle in Rot- und Violetttönen mit eingewebten Goldfädchen. Der Efod wurde wie eine Schürze am Rücken angelegt. Über die Schultern führten Bänder, die mit dem Brustschild verbunden waren. Auf diesen Bändern wurden die besonderen Steine, die Schoham-Steine, befestigt, die die Namen der Stämme Jisraels trugen. Das Brustschild lag vorn auf der Brust, und in das hinein wurden ebenfalls besondere Steine mit den Namen der Stämme Jisraels eingefasst.

Und so machten sie alles, wie Mosche gesagt hatte. Der Mantel wurde ganz aus violetter Wolle gewebt, und oben wurde eine Öffnung für den Kopf gelassen. Um diese Öffnung herum brachte man einen Saum an, damit die Öffnung nicht einreißen konnte. Unten am Mantel befestigte man die Granatäpfel aus roter Wolle. Dazwischen kamen die Glöckchen. Dann wurde das Unterkleid angefertigt. Hierzu verwendete man feines Leinen. Auch der Turban wurde daraus gemacht, sowie die Hosen für Aharon und seine Söhne. Danach wurde der Gürtel aus bunten Stickereien hergestellt, genauso, wie es der Ewige dem Mosche angeordnet hatte. Schließlich wurde auch noch die Blüte aus reinem Gold gefertigt, die an dem Kopfband befestigt werden sollte. Auf dieser Blüte wurde der Satz eingraviert: »Heilig dem Ewigen!«

So wurden alle Arbeiten am Heiligtum beendet, und die Kinder Jisraels machten alles genauso, wie es der Ewige angeordnet hatte.

Alles wird zu Mosche gebracht

39,33

Wie die Kinder Jisraels nun mit der ganzen Arbeit fertig waren, brachten sie alle Teile, die sie hergestellt hatten, zu Mosche. Alle Vorhänge, alle Decken, alle Balken, auch den Kasten und den Deckel, den Tisch mit den Broten, das Öl und das ganze Räucherwerk brachten sie Mosche, sowie alle Kleider für Aharon und seine Söhne: einfach alles.

Da schaute sich Mosche alles genau an. Und Mosche war sehr zufrieden, wie sie alles gemacht hatten, denn sie hatten alles genauso hergestellt, wie er es ihnen gesagt hatte.

Da **segnete** Mosche die Kinder Jisraels.

* **Segnung:** Am Schluss segnet Mosche die Kinder Jisraels und nicht nur die beiden Baumeister Bezalel und Oholiav. Dass er alle in den Dank und die Segnung einschließt, legt nahe, dass auch die Gaben durch das Volk Anerkennung finden: als ein wichtiger Dienst für das Heiligtum, so wichtig wie die Herstellung selbst.

Mosche stellt das Heiligtum auf

40,1

Da sagte der Ewige zu Mosche: »Nun ist es endlich soweit: Du musst das Heiligtum aufstellen.« Und der Ewige gab dem **Mosche** genaue Anweisungen, wie er alles aufstellen sollte.

»Wenn du damit fertig bist und alle Gerätschaften im Zelt sind, dann baust du den Hof auf und befestigst den Vorhang am Eingang des Hofes. Dann nimmst du vom Salböl und salbst alles, was im Zelt ist, damit alles, was im Zelt ist, geweiht wird und dadurch als heilig gelten kann. Auch den kupfernen Altar und dessen Geräte sollst du salben, so wird auch dieser hochheilig. Auch das Becken und dessen Gestell salbst du ein.«

Und genauso, wie es ihm der Ewige gesagt hatte, so machte es Mosche auch.

Zuerst stellte er das Zelt auf. Dann legte er die Tafeln der Torah in den Kasten und verschloss ihn mit dem Deckel. Danach brachte er ihn in das Heiligtum und stellte ihn genau dorthin, wo er hingehörte. Dann hängte er den Vorhang auf, sodass der Kasten dahinter verschwand. Danach stellte er den Tisch auf und legte das Brot, *Lechem Panim* genannt, auf den Tisch. Hierauf brachte er den Leuchter in das Zelt und stellte ihn dem Tisch gegenüber auf. Sofort zündete er die Lampen an, denn auch das hatte ihm der Ewige eingeschärft.

Als die Lampen endlich brannten, brachte er den goldenen Räucheraltar in das Heiligtum, legte Gewürze darauf und zündete sie an, sodass Rauch vom Altar aufstieg. Dann verhängte er den Eingang des Heiligtums mit dem Vorhang und stellte dort den Altar für die Opfertiere auf. Sobald der Altar am Eingang stand, verbrannte er das erste Opfer darauf. Schließlich stellte er noch das Becken auf und füllte Wasser hinein. Hier wuschen sich nun Mosche, Aharon und dessen Söhne Hände und Füße. Sie wuschen sich dort immer, wenn sie in die Wohnung eintraten.

Zum Schluss stellte Mosche den Hof auf und vollendete so sein Werk.

* **Mosche stellt auf:** Mosche kommt nun die Aufgabe zu, die Wohnung aufzustellen und einzurichten. Schon den rabbinischen Auslegern ist dabei aufgefallen, dass Mosche dies kaum allein bewerkstelligen konnte. Deshalb gibt es einen sehr schönen Midrasch, der dieses Dilemma löst: Der Ewige sagte, dass die Gerätschaften viel zu schwer seien, als dass sie ein einzelner Mensch hätte aufrichten können. Deshalb soll Mosche so tun, als beschäftige er sich mit den Einzelteilen, während sie sich selbst aufrichteten! Das literarische Problem ist, dass die Lewijim, die später für das Aufstellen des Heiligtums verantwortlich sein werden, noch gar nicht zur Verfügung stehen, weil sie ihren Dienst noch nicht angetreten haben, genauso wie die Kohanim für die Opfer noch nicht zur Verfügung stehen, weil auch sie noch nicht in den Dienst eingesetzt worden sind. Deshalb ist es stets Mosche, der bis zur offiziellen Einsetzung der Kohanim und Lewijim in diese Lücke zu springen hat.

40,34–38

וַיְכַס הֶעָנָן אֶת אֹהֶל מוֹעֵד
וּכְבוֹד ה' מָלֵא אֶת הַמִּשְׁכָּן:
וְלֹא יָכֹל מֹשֶׁה לָבוֹא אֶל אֹהֶל מוֹעֵד כִּי שָׁכַן עָלָיו הֶעָנָן
וּכְבוֹד ה' מָלֵא אֶת הַמִּשְׁכָּן:
וּבְהֵעָלוֹת הֶעָנָן מֵעַל הַמִּשְׁכָּן יִסְעוּ בְּנֵי יִשְׂרָאֵל בְּכֹל מַסְעֵיהֶם:
וְאִם לֹא יֵעָלֶה הֶעָנָן וְלֹא יִסְעוּ עַד יוֹם הֵעָלֹתוֹ:
כִּי עֲנַן ה' עַל הַמִּשְׁכָּן יוֹמָם וְאֵשׁ תִּהְיֶה לַיְלָה בּוֹ
לְעֵינֵי כָל בֵּית יִשְׂרָאֵל בְּכָל מַסְעֵיהֶם:

Und als alles fertig war, zog wieder die Wolke auf und bedeckte das ganze Heiligtum. Das war der Lichtglanz des Ewigen. Denn der Ewige zog in das Heiligtum ein und füllte es ganz aus. Und so war es nun immer: Wenn sich die Wolke vom Zelt erhob, konnten die Kinder Jisraels aufbrechen und weiterwandern, blieb aber die Wolke auf dem Zelt liegen, blieben die Kinder Jisraels, wo sie waren. Denn die Wolke auf dem Zelt war eine Wolke des Ewigen, die die Kinder Jisraels tagsüber begleitete. Nachts dagegen war es ein Feuer, das den Kindern Jisraels den Weg wies.

So wanderten die Kinder Jisraels durch die Wüste.

Nachwort

Als wir vor Pessach *Bereschit – Am Anfang*, den ersten Band von *»Erzähl es deinen Kindern«*, der Öffentlichkeit vorgestellt haben, war kaum vorauszusehen, welche Beachtung dieses Buch finden würde. Weltweit wurde in Print- und Onlinemedien über die erste deutschsprachige Kindertorah seit fünfzig Jahren berichtet. Die Deutsche Akademie für Kinder- und Jugendliteratur e. V. hat die Qualität und Bedeutung dieses für die jüdische Gemeinschaft so wichtigen Werkes erkannt und den Band *Bereschit – Am Anfang* mit der Auszeichnung »Buch des Monats Juli 2014« geehrt.

Ich bin deshalb dankbar und froh, dass wir nun, gerade mal ein halbes Jahr später, den zweiten Band *Schemot – Namen* vorlegen können. Dies ist dem unermüdlichen Engagement der Autoren Hanna Liss und Bruno Landthaler zu verdanken. Sie haben nicht nur jahrelange Arbeit, sondern auch ein feines Gespür für den biblischen Text eingebracht. Ein wunderbares Buch ist deshalb auch dieser Band geworden. Faszinierend erzählt, erstaunlich nah am Text und wissenschaftlich fundiert, so zieht dieses beachtenswerte und bedeutsame Werk den kleinen wie den großen Leser in seinen Bann.

Die Illustrationen tun da ihr Übriges: Darius Gilmont ist es gelungen, mit ornamentalen Flächen, kräftigen Farben und lebendigen Figuren eine ganz eigene Sicht auf die Torah zu ermöglichen.

Daneben möchte ich aber auch weiteren Dank aussprechen. Denn dass wir dieses Buch in relativ kurzer Zeit fertigstellen konnten, liegt auch daran, dass ein ganzer Stab kompetenter Mitarbeiter im Hintergrund mit Engagement seinen Beitrag leistet. Dazu gehört die Lektorin Petra Müller, die mit fachlicher Unterstützung durch Uta Hadad ein Auge auf die

Details hatte und dem Text den wesentlichen Schliff gab. Da ist weiterhin die Grafikerin Lisa Neuhalfen, die das sehr komplexe Layout dieses Buches so gestaltet hat, dass man viel Vergnügen am Lesen und Anschauen hat. Ihnen allen sei an dieser Stelle ganz herzlich gedankt.

Auch bei der Publikation des zweiten Bandes hat uns der Zentralrat der Juden in Deutschland finanziell unterstützt. Daneben haben sich dieses Mal auch die in Basel ansässige Stiftung Irene Bollag-Herzheimer und die Ignaz Blodinger Gesellschaft für Wohltätigkeit, Kultur und Religion e. V. mit namhaften Druckkostenzuschüssen beteiligt. Allen unseren Förderern möchte ich meinen tief empfundenen Dank aussprechen.

Myriam Halberstam
Ariella Verlag

Editorische Notiz zur zweiten Auflage

Mit Blick auf den Abschluss des Gesamtprojektes haben wir für die zweite Auflage dieses Bandes die Gelegenheit ergriffen, kleine Korrekturen und Anpassungen vorzunehmen. Insbesondere bei einzelnen Begriffen, Ausdrücken oder Formulierungen, die aus der weiteren intensiven Beschäftigung mit dem Bibeltext hervorgegangen sind. Damit das Nachschlagen von unbekannten Termini und Namen gezielter erfolgen kann, haben wir die beiden Register in einem Glossar zusammengeführt. Außerdem wurden die Verweise auf die nachfolgenden Bücher nun durch eine Seitenzahl ergänzt, was es erleichtert, den Querverbindungen über die einzelnen Bände hinweg nachzugehen.

Hanna Liss   Bruno Landthaler
Frankfurt am Main im März 2016 / im Adar II 5776

Glossar

Adar Nach religiöser Zählung der letzte der zwölf Monate im jüdischen Kalender. Nach dem bürgerlichen Kalender in Israel ist es der siebte Monat.

Aharon Aaron, Bruder *Mosches und *Mirjams.

Amalek Auch Amalekiter, Nomadenvolk, das im südlichen Teil des Landes *Knaan in der Negev-Wüste siedelte. In der Torah wird es als Feind *Jisraels bezeichnet und bei der Wanderung durch die Wüste von den Jisraeliten geschlagen.

Ascher Sohn *Jaakovs und Silpas, einer der zwölf Stämme *Jisraels.

Avihu Abihu, einer der vier Söhne *Aharons.

Avraham Abraham, der erste Stammvater der Kinder *Jisraels, von dem das erste Buch der Torah, **Bereschit*, berichtet.

Avraham Ibn Esra ca. 1090–ca. 1165. War ein jüdischer Universalgelehrter aus Spanien, der auch sprachwissenschaftlich-grammatische Schriften und Bibelkommentare hinterließ.

Bamidbar Viertes Buch der Torah, auch *Numeri* genannt.

Benjamin Sohn *Jaakovs und Rachels.

Bereschit Erstes Buch der Torah, auch *Genesis* genannt.

Bezalel (gesprochen: Bezal'el) Bezalel, ein Künstler, der für die Herstellung des Heiligtums verantwortlich war.

Brit Bund, Vertrag: die besondere Beziehung, die G'tt mit einzelnen Menschen (Noach, *Avraham) oder mit einem ganzen Volk (Volk *Jisrael) eingeht.

Chag Fest; im eigentlichen Sinn sind damit lediglich die drei Pilgerfeste gemeint, also *Pessach, *Schavuot und *Sukkot mit dem Schlussfest *Schmini Azeret. Daneben werden in der Torah *Rosch ha-Schana und *Jom Kippur als »Festversammlungen«, nicht aber als »Chaggim« bezeichnet.

Chol ha-Moed Zwischenfeiertage bei einem Fest wie *Pessach oder *Sukkot, das über eine ganze Woche geht. Dort werden die eigentlichen Feiertage am Anfang und am Ende von den »Zwischenfeiertagen« unterschieden, indem sie ein strengeres Werkverbot und liturgisch eigene Lesungen haben.

Choschen Brustschild. Dieses Kleidungsstück trug der *Kohen ha-Maschiach* auf der Brust, es beinhaltet die Lossteine *Urim* und *Tummin* und ist mit zwölf Edelsteinen besetzt.

Chovav Hobab, siehe *Jitro*.

Chur Hur, Sohn *Mirjams.

Dan Sohn *Jaakovs und Bilhas, einer der zwölf Stämme *Jisraels.

Devarim Fünftes Buch der Torah, auch *Deuteronomium* genannt.

Dvora Debora, eine Richterin, von der im Richterbuch (4–5) erzählt wird.

In der jüdischen Tradition gilt sie als eine der sieben Prophetinnen, zu denen unter anderem auch Sarah, *Mirjam und Ester gehörten.

Edom Bezeichnung sowohl für das Siedlungsgebiet als auch für das Nachbarvolk *Jisraels. In der Torah ist Esaw, der Sohn *Jaakovs, der Stammvater der Edomiter.

Efod Unübersetzbar. Eine Schürze, die den Rücken bedeckt. Wird vom *Kohen ha-Maschiach*, also vom Hohepriester getragen.

Eilat Südisraelische Stadt am Golf von Eilat/Aqaba.

Elasar (gesprochen: El'asar) Eleasar, einer der vier Söhne *Aharons.

Elieser Sohn Mosches und Zipporas.

Elijahu Elija, ein biblischer Prophet, der im 9. Jahrhundert v. u. Z. im Nordreich Israel gewirkt hat.

Gad Sohn *Jaakovs und Silpas.

Gan Eden Garten Eden.

Gerschom Sohn *Mosches und *Zipporas.

Goschen Gosen, Landstrich in Ägypten.

Haftara Hebr. »Abschluss«. Die Lesung eines Textes aus dem zweiten Bibelteil (den Propheten), die an *Schabbat und Festtagen die Ordnung der öffentlichen Torah-Lesung abschließt.

Haggada schel-Pessach Siehe *Pessach-Haggada*.

Halacha, halachisch Hebr. »Wandel«. Das jüdische Gesetz, das sich auf die Torah und die rabbinische Tradition gründet.

Hallel Eine Zusammenstellung von Psalmen, die G'tt loben und vor allem an Feiertagen vorgetragen werden. Es gibt drei Varianten des Hallel, die liturgisch jeweils unterschiedliche Verwendung finden.

Hoschea Hosea, ein israelitischer Prophet.

Itamar Einer der vier Söhne *Aharons.

Jaakov Jakob, Sohn *Jizchaks und Rivkas, der dritte Stammvater.

Jecheskel (gesprochen: Jechesk'el) Ezechiel, biblischer Prophet.

Jehoschua Josua, Begleiter *Mosches, der später das Volk *Jisrael in das Land *Knaan führen sollte. Nach ihm ist das Buch *Josua* benannt.

Jehuda Juda, Sohn *Jaakovs und Leahs.

Jeter siehe *Jitro*.

Jirmejahu Jeremia, einer der drei großen Schriftpropheten.

Jisrael Hebräische Schreibweise für Israel.

Jissachar Issachar, Sohn *Jaakovs und Leahs, einer der zwölf Stämme Jisraels.

Jitro Schwiegervater *Mosches. Er wird in der Torah unter verschiedenen Namen vorgestellt, als Jitro oder Jeter, aber auch als Reuel oder Chovav.

Jizchak Isaak, Sohn *Avrahams und Sarahs, der zweite Stammvater.

Jom Kippur Versöhnungstag, der als Fasttag begangen wird. Er geht auf den im Buch *Wajikra* in Paraschat *Achare Mot* beschriebenen Tag der Sühne zurück.

Joveljahr Jubeljahr. Nach sieben *Schabbatjahren folgt im 50. Jahr das Joveljahr, in dem das gepachtete Land in Israel wieder an den ursprünglichen Besitzer zurückfällt.

Kapporet Hebr. »Deckplatte«, zur Abdeckung des heiligen Kastens. Sie war mit Gold überzogen und mit zwei *Kruvim verziert. Im Wort »Kapporet« steckt das hebräische »Kappara«, das soviel wie Sühne, Reinigung bedeutet.

Kiddusch Hebr. »Heiligung«. Der *Schabbat und die Feiertage werden mit einem Segensspruch über Wein in einer besonderen Weise geheiligt.

Knaan Kanaan, Landstrich im Nahen Osten, weitgehend mit dem Land Israel identisch.

Kohen/Pl. Kohanim Priester, die von *Aharon abstammen, sie gehören allesamt dem Stamm *Lewi an.

Korban Opfergabe.

Kruvim Cherubim, geflügelte Wesen.

Lechem Panim Schaubrote, die durchgehend auf dem Tisch im Heiligtum ausgelegt sein mussten.

Lewi Levi, Sohn von *Jaakov und Leah, einer der zwölf Stämme Jisraels.

Lewijim Leviten, Angehörige des Stammes *Lewi.

Maftir Hebr. »der Abschließende«. Bezeichnet denjenigen, der zum letzten Abschnitt der Torah-Lesung aufgerufen wird. Er ist auch gleichzeitig derjenige, der die *Haftara nach der Torah-Lesung vorträgt.

Man Manna. Die Körner in der Wüste, mit denen die Jisraeliten Brotfladen backen konnten.

Maror Bitterkräuter, die bis heute zu *Pessach am *Sederabend zu *Mazzot und anderen symbolischen Speisen gegessen werden. Heute sind das üblicherweise Meerrettich oder Salate.

Mazza/Pl. Mazzot Matze. Ungesäuertes Brot, das während des *Pessachfestes gegessen wird. Ungesäuert bedeutet, dass der gesamte Backvorgang einer Mazza lediglich 18 Minuten betragen darf.

Menora Der siebenarmige Leuchter, der zur Innenausstattung des Heiligtums gehört.

Middot Hebr. »Maße«. In der Torah sind damit die dreizehn Eigenschaften G'ttes gemeint, die auch in der jüdischen Liturgie, vor allem an den Festtagen, zum Vortrag kommen.

Midjan Midian, Siedlungsgebiet der Midjaniter im südlichen Teil des heutigen Jordaniens.

Midrasch/Midraschim Hebr. »das, was ausgelegt wird«. Eine Ausführung zum biblischen Text, die entweder erzählerische Lücken schließen oder andere Schwierigkeiten des Bibeltextes erhellen möchte. Solche Ausführungen werden meist in Werken gesammelt, die entsprechend »Midrasch« heißen.

Mincha Hebr. »Geschenk«. Bezeichnet hier einen der drei täglichen G'ttesdienste, nämlich den am Nachmittag.

Mirjam Miriam, Schwester *Mosches und *Aharons.

Mizrajim Ägypten.

Mizwa / Pl. Mizwot Hebr. »Gebot«. Traditionell werden 613 Ge- und Verbote gezählt, die auf die Torah zurückgehen.

Mosche Moses, Bruder *Aharons und *Mirjams, der Mittler zwischen G'tt und dem Volk *Jisrael, der im Buch *Devarim* auch prophetische Funktionen innehat.

Nadav Nadab, einer der vier Söhne *Aharons.

Naftali Sohn *Jaakovs und Bilhas, einer der zwölf Stämme Jisraels.

Nisan Der erste Monat im jüdischen Kalender, in dem *Pessach gefeiert wird.

Oholiav Oholiab, ein Künstler, der bei der Herstellung des Heiligtums behilflich war.

Parascha / Pl. Paraschijot Hebr. »Abschnitt«. Der Abschnitt aus der Torah, der in einer bestimmten Woche in der Synagoge öffentlich vorgetragen wird.

Pessach(-fest) Passah, eines der drei Pilgerfeste, das im Frühjahr gefeiert wird.

Pessach-Haggada Auch *Haggada schel-Pessach*, »Erzählung von Pessach«. Der Name des Buches, das die Texte und Gebete für den häuslichen *Sederabend beinhaltet, mit dem das *Pessachfest eröffnet wird.

Propheten, Vordere und Hintere Der zweite Teil der (jüdischen) Bibel.

Pua Hebräische Hebamme im Dienste des Pharao.

Rabbinen Im Allgemeinen eine Bezeichnung für jüdische Gelehrte des Altertums, die für die Grundlegung des Judentums verantwortlich zeichnen.

Reguel (gesprochen Regu'el), auch: Reuel (Re-u-el); siehe *Jitro*.

Reuven (gesprochen Re'uven), Ruben, Sohn *Jaakovs und Leahs.

Rosch ha-Schana Neujahrsfest, das zwei Tage dauert; fällt in den Herbst.

Schabbat / Pl. Schabbatot Der siebte Tag in der Woche, der wöchentliche Ruhetag, an dem bestimmte Tätigkeiten zu unterbleiben haben.

Schabbat ha-Chodesch Einer der vier besonderen Schabbatot, die dem *Pessachfest vorangehen. Sie sind nur dadurch hervorgehoben, dass an ihnen als *Maftir (Zusatz) ein besonderer Abschnitt aus der Torah gelesen wird.

Schabbat Sachor und Schabbat Schkalim Zwei der vier besonderen Schabbatot, die dem *Pessachfest vorangehen.

Schabbatjahr Sabbatjahr. In einem Rhythmus von sieben Jahren sollte das landwirtschaftlich bearbeitete Land selbst »Ruhe« haben. Es durfte weder gesät noch geerntet werden.

Schacharit Tägliches Morgengebet.

Schalosch Regalim Die drei Pilgerfeste.

Schavuot Wochenfest, eines der drei Pilgerfeste.

Schemot Zweites Buch der Torah, auch *Exodus* genannt.

Schifra Hebräische Hebamme im Dienste des Pharao.

Schimon (gesprochen: Schim'on), Simon, Sohn *Jaakovs und Leahs, einer der zwölf Stämme Jisraels.

Schirat ha-Jam Eigentlich Meerlied, Lied des Mosche.

Schlomo Salomo, König des groß-israelitischen Reiches und Bauherr des salomonischen Tempels. Seine Geschichte wird im ersten Buch *Melachim* (Buch der Könige) Kap. 1–11 erzählt.

Schma Jisrael Hebr. »Höre Jisrael«. Ein Text aus Dtn 6,4–9, der in das tägliche Gebet Eingang gefunden hat.

Schmini Azeret Ist das Abschlussfest nach *Sukkot. In Israel ist es mit dem Fest *Simchat Tora identisch, außerhalb Israels sind es zwei Tage hintereinander.

Schofar Hohles Widderhorn, mit dem man Töne erzeugen kann. Bekannt ist das Schofarblasen als Ritual zu *Rosch ha-Schana.

Schoham-Steine Teil der hohepriesterlichen Bekleidung. In Gold eingefasste Steine, die auf den Schulterbändern des *Efod befestigt und auf denen die Namen der zwölf Stämme eingraviert waren.

Schur Sandwüste, nördlicher Teil des *Sinai.

Sederabend *Seder*, hebr. »Ordnung«. Der Sederabend ist der Vorabend des *Pessachfestes. An ihm wird im Kreis der Familie in besonderer Weise des Auszugs aus Ägypten gedacht, indem die *Haggada schel-Pessach* vorgetragen wird und dazu symbolische Speisen verzehrt werden.

Simchat Torah Hebr. »Freude der Torah«. Fest im Herbst, das zum Abschluss des *Sukkotfestes gefeiert wird – hier wird der Lesezyklus der Torah abgeschlossen und von vorn begonnen.

Sinai Halbinsel zwischen Ägypten und Israel. In der Torah ist damit entweder eine Wüste, ein Berg oder ein Gebirgsmassiv in der Wüste gemeint, an dem G'tt dem Volk *Jisrael die Gebote gab.

Sukkot Laubhüttenfest. Das dritte Pilgerfest, das schon von der Torah angeordnet wird. Es wird im Herbst sieben Tage lang gefeiert und von *Schmini Azeret bzw. *Simchat Torah abgeschlossen. Üblicherweise werden im Garten Hütten gebaut, in denen möglichst viel vom Alltag erledigt wird.

Svulun Sebulon, Sohn *Jaakovs und Leahs.

Talmud Hebr. »Lehre«. Sammlung rabbinischer Kommentare von Gelehrten aus sieben Generationen über einige Traktate eines grundlegenden gesetzlich orientierten Werkes, der Mischna. Wurde im 5. bis 6. Jahrhundert u. Z. erstellt. Man unterscheidet den babylonischen und den palästinischen Talmud.

Tanach Hebräisches Akronym für Torah, Neviim und Ketuvim; der hebräische Begriff für die gesamte Bibel.

Tehillim Buch der Psalmen.

Tfillin Lederkapseln, die mit Riemen an den linken Arm und die linke Hand gebunden und an der Stirn angelegt werden.

Tischa be-Av Hebr. »9. Av«. Fast- und Trauertag (im Juli / August), der an die Zerstörung des Tempels erinnern soll.

Wajikra Drittes Buch der Torah, auch *Levitikus* genannt.

Zehnwort Hebr. *Aseret ha-dibbrot.* Die Zehn Gebote oder auch Dekalog. Es sind Ge- und Verbote, die in unterschiedlicher Zählung als ethische Grundlagen des Judentums auch Eingang in die allgemeine Geistesgeschichte gefunden haben. Neben der Überlieferung in Paraschat *Jitro* findet sich eine zweite in Paraschat *Waetchanan* im Buch *Devarim*.

Zippora Tochter *Jitros und Frau *Mosches.

www.ariella-verlag.de

3. überarbeitete Auflage, 2021.

Illustrationen: Darius Gilmont, Ra'anana, Israel
Lektorat: Petra Müller, Berlin
Korrektorat: Carola Köhler, Berlin
Gestaltung: Lisa Neuhalfen, Berlin
Druck und Bindung: Alfred Nordmann, Israel
ISBN: 978-3-9816238-4-0